POVOS INDÍGENAS
E DIREITOS TERRITORIAIS

Leandro Ferreira Bernardo

Doutor em Direito pela USP
Advogado Público Federal
Professor de Direito

POVOS INDÍGENAS E DIREITOS TERRITORIAIS

Del Rey editora

Belo Horizonte
2021

EDITORA DEL REY LTDA.

www.livrariadelrey.com.br

Editor: Arnaldo Oliveira

Editor Adjunto: Ricardo A. Malheiros Fiuza
(*in memoriam*)

Coordenação Editorial: Letícia Neves

Diagramação e revisão: Know-how Desenvolvimento Editorial

Editora:
Rua dos Goitacazes, 71 – Lojas 20 a 24
Centro – Belo Horizonte – MG
CEP 30190-050

Comercial:
Tel.: (31) 3284-3284 / 3293-8233
vendas@editoradelrey.com.br

Editorial:
editorial@editoradelrey.com.br

B523p Bernardo, Leandro Ferreira. Povos Indígenas e Direitos Territoriais / Leonardo Ferreira Bernardo.- 1. ed. - Belo Horizonte, MG : Editora Del Rey, 2021. 160 p.; 14x21 cm.

Inclui bibliografia.
ISBN 978-65-5791-034-4

1. Demarcação de Terras Indígenas. 2. Direito dos Povos. 3. Poder Judiciário. 4. Povos Indígenas. I. Título.
II. Assunto. III. Bernardo, Leonardo Ferreira.

CDD 341.3451 CDU 349.412.4

Pedro Anizio Gomes
Bibliotecário – CRB-8 8846

Dedico a presente obra aos povos indígenas e a todas as minorias que sofrem, na atualidade, com as várias investidas de poderosas forças retrógradas entranhadas na sociedade e no Estado.

AGRADECIMENTOS

A presente obra já vem sendo pensada e trabalhada há alguns anos e, nesse caminho, muitas pessoas contribuíram decisivamente para o seu resultado. Agradeço ao professor Dalmo de Abreu Dallari, meu orientador no programa de Doutorado em Direito na USP, ao professor Carlos Marés, meu orientador no programa de Mestrado na PUC/PR, à professora Eunice Prudente, professora da Faculdade de Direito da USP, pelos momentos de debates e pelas lições dadas que suplantam o campo do Direito. Agradeço aos professores, alunos, colegas da advocacia pública federal e servidores públicos ligados à promoção de políticas indigenistas, que em algum momento fizeram parte da caminhada acadêmica e profissional e que, de alguma forma, puderam contribuir para o resultado da obra. Por fim, o meu eterno agradecimento à minha família, Andressa, Isadora e Jordana, por todo apoio no desenvolvimento desta obra, apesar dos momentos de inevitável ausência.

SUMÁRIO

INTRODUÇÃO

A proteção dos direitos dos povos indígenas se mostra como um relevante tema de direitos humanos na realidade brasileira, tendo em vista o histórico de marginalização social a que foram submetidos ao longo do processo de construção do Brasil, por mais de 500 anos, bem como diante das novas ameaças das quais têm sido vítimas nos últimos tempos.

O estudo sobre os seus direitos territoriais possui especial importância, à medida que a garantia à terra representa condição básica de sobrevivência e desenvolvimento a esses povos e garantia de preservação de sua cultura e, de outro lado, a sua negação representou, historicamente, uma forma absolutamente eficaz de garantir o extermínio de incontáveis grupos ou a sua condenação a viverem em condições de pauperização e de inviabilidade de subsistência.

Na atualidade fica mais evidente a importância da proteção dos direitos territoriais dos povos indígenas, diante das novas investidas por agentes diversos, públicos ou privados, mesmo após a promulgação da Constituição da República de 1988, que lhes dispensou um tratamento muito mais garantista que as constituições anteriores.

As tentativas de violação dos direitos dos povos originários se dão de variadas formas, mas contam, invariavelmente, com a participação do poder público, seja pela sua atuação direta, em especial a União Federal (legislativo, executivo e judiciário), ou com a sua omissão diante de violências praticadas por particulares ou pela não adoção das políticas públicas exigidas pelo texto constitucional.

Se no passado a violência contra os povos indígenas tinha, em grande medida, os seus corpos como objeto de desejo (para escravização, para catequização, para expansão da população, genocídio contra aqueles considerados hostis), nos últimos tempos, o objeto de cobiça maior são as terras por eles ocupadas, e a presença indígena nelas representa uma barreira indesejada no caminho do enriquecimento para poderosos grupos de interesse, como o agronegócio, a mineração, a extração de madeira e a produção de energia hidroelétrica.

Propostas de alterações constitucionais ou legais em trâmite no Congresso Nacional, como a Proposta de Emenda à Constituição nº 215/2000 - que torna competência exclusiva do próprio Congresso a aprovação de futuras demarcações de terras indígenas, bem como a ratificação das homologações já realizadas pelo poder executivo federal - e a recente Medida Provisória 910, de 11 de dezembro de 2019 - que buscava, dentre outras coisas, a regularização fundiária das ocupações incidentes em terras situadas em áreas da União e perdeu a eficácia ao não ter sido convertida em lei dentro do prazo constitucionalmente previsto - são exemplos de tentativas mais explícitas de retiradas de direitos dos povos indígenas, mas estão longe de serem as únicas.

Uma atuação do judiciário descolada das garantias constitucionais e contrária aos direitos humanos, com a criação da chamada teoria do marco temporal, possui um grande poder destrutivo das conquistas das últimas décadas e relega os povos indígenas a riscos de inviabilizar novas demarcações e invalidações de outras já concluídas no passado.

Some-se a isso o surgimento, mais recentemente, de governos não comprometidos com a concretização das garantia dos direitos indígenas ou, pior do que isso, compromissados com uma pauta refratária àqueles direitos e que se utilizam de medidas condenáveis, como a paralisação de atribuições dos entes e órgãos responsáveis pela promoção de políticas indigenistas, em especial a FUNAI, por diversas formas, tais como com o esvaziamento de atribuições, redução de verba orçamentária disponível e de pessoal, com a redução de concursos públicos, por exemplo.

Objetiva-se na presente obra realizar uma reconstrução histórica da garantia dos direitos à terra pelos povos indígenas no Brasil, a partir do início da dominação portuguesa, até o momento atual, já em um contexto absolutamente diverso, sob a regência da Constituição da República de 1988, bem como apontar para desafios contemporâneos enfrentados por aqueles povos.

Será objeto de análise, também, o contexto político-social das principais alterações de tratamento dado pelo poder público estabelecido em relação aos povos indígenas no Brasil nas várias etapas do processo de construção do país.

Para tanto, cumpre destacar o caráter multidisciplinar do livro, com a inserção de aportes nos campos histórico, sociológico, antropológico. Dentro da seara jurídica, fez-se necessário um adensamento de discussões geralmente reservadas à filosofia do direito, ao direito constitucional, ao direito civil, aos direitos humanos, dentre outros ramos da ciência jurídica.

Não se pode deixar de negar que a busca de debates ampliados, em diálogo com aportes teóricos de diversos campos do saber social, trouxe dificuldades na construção da obra. Por outro lado, entendemos que a grande marca da obra reside justamente nessa transdisciplinaridade ampla, aspecto que lhe garante originalidade e permite a apresentação, ao leitor, de um olhar diferenciado sobre os temas propostos.

A presente obra é consequência, sobretudo, das pesquisas que culminaram na minha tese de doutorado defendida em 2017 na Faculdade de Direito da Universidade de São Paulo, sob o título "Demarcação de terras indígenas e poder judiciário: uma análise crítica do impacto da atuação judicial na garantia das políticas públicas estatais voltadas ao acesso às terras para as populações indígenas na Região Platina brasileira", sob a orientação do professor Dalmo de Abreu Dallari.

As preciosas trocas de ideias com o grande professor Dalmo Dallari – um dos mais importantes juristas brasileiros nas últimas décadas, com profundas obras voltadas aos estudos de Direitos Humanos, Constitucionalismo, Teoria do Estado, dentre outros temas que ultrapassam o campo jurídico e dialogam com outras áreas do saber social –, somadas ao diálogo com professores e colegas do programa de Pós-graduação da Faculdade de Direito da USP e de outras instituições, foram fundamentais para enriquecer os temas que serão tratados a seguir.

Somada à visão acadêmica, a experiência de advogado público federal deste autor, que atuou e atua em dezenas de ações judiciais que envolvem, de alguma forma, conflitos sobre interesses dos povos indígenas, teve muita influência nos rumos da obra e possibilitou a realização de um aprofundamento em discussões sobre casos concretos, muitos deles levados à apreciação do poder judiciário.

I

POVOS INDÍGENAS NO PERÍODO PRÉ-COLOMBIANO E SUA ORGANIZAÇÃO TERRITORIAL

Os conhecimentos disponíveis da história pré-colombiana no Brasil são, até os dias de hoje, carentes de uma sistematização mais profunda que possibilite apontar, com razoável grau de probabilidade, para a quantidade de indivíduos, de grupos étnicos, localização habitual dentro do território, línguas, relações intergrupais etc.[1].

---

[1] Afirma, sobre o assunto, Manuela Carneiro da Cunha: "Sabe-se pouco da história indígena: nem a origem, nem as cifras de população são seguras, muito menos o que realmente aconteceu" (CUNHA, Manuela Carneiro da. **História dos índios no Brasil.** São Paulo: Companhia das Letras; Secretaria Municipal de Cultura; FAPESP, 1992, p. 11). Acerca das dificuldades em se alcançar dados sobre o período, expõe Roberto Damatta: "Um outro problema posto pela perspectiva histórica é representado pelas restrições metodológicas concretas colocadas quando se trabalha com uma sociedade desconhecida no tempo e no espaço, como é o caso das sociedades tribais com as quais se defronta o antropólogo" (DAMATTA, Roberto. **Relativizando**: uma introdução à antropologia social. Rio de Janeiro: Rocco, 2010, p. 147). Ainda, no mesmo sentido, a arqueóloga Niéde Guidon: "Apesar da abundância de sítios conhecidos não podemos propor uma síntese para o território

Por outro lado, da história pré-colombiana no Brasil é possível afirmar, a partir de pesquisas recentes, que nestas terras existiam diversos grupos indígenas e que as três principais famílias linguísticas atualmente conhecidas em nosso território, quais sejam Tupi, Jê e Karib, se relacionaram em variados graus e que são consequência direta das transformações ocorridas no território após a chegada do colonizador europeu[2]. Ao longo da história, famílias linguísticas foram extintas e outras foram absorvidas por aquelas maiores.

Têm-se admitido que a população indígena existente no Brasil no período pré-invasão compreenderia entre 2 e 5 milhões de indivíduos[3] e que essa população teve uma drástica e contínua redução ao longo do processo de colonização, por mais de quatro séculos, até que o quantitativo voltasse a crescer, como se dá nos dias de hoje.

Autores como Niéde Guidon apontam para a tese de que o país teria sido objeto de colonização por grupos indígenas há vários

---

nacional porque os dados disponíveis são muito fracionados" (GUIDON, Niéde. As ocupações pré-históricas do Brasil (excetuando a Amazônia). *In:* CUNHA, Manuela Carneiro da (Org.). **História dos índios no Brasil**. São Paulo: Companhia das Letras; Secretaria Municipal de Cultura; FAPESP, 1992, p. 42). Cf., também, OLIVEIRA, João Pacheco de; FREIRE, Carlos Augusto da Rocha. **A presença indígena na formação do Brasil**. Brasília: Ministério da Educação, Secretaria de Educação Continuada, Alfabetização e Diversidade; LACED/Museu Nacional, 2006, p. 21-30.

2 Para Greg Urban: "[...] a história mais antiga da cultura do Brasil exigirá provavelmente que se relacionem as famílias Tupi, Jê e Karib" (URBAN, Greg. A história da cultura brasileira segundo as línguas nativas. Trad: Beatriz Perrone-Moisés. *In:* CUNHA, Manuela Carneiro da (Org.). **História dos índios no Brasil.** São Paulo: Companhia das Letras; Secretaria Municipal de Cultura; FAPESP, 1992, p. 91).

3 AZEVEDO, Marta Maria. Diagnóstico da população indígena no Brasil. **Ciência e Cultura,** v. 60, n. 4, out. 2008. Para Darcy Ribeiro é provável que a população indígena no Brasil, no período pré-invasão, alcançasse ao menos 5 milhões de pessoas: "É de todo provável que alcançasse, ou pouco excedesse, as 5 milhões o total da população indígena brasileira quando da invasão" (RIBEIRO, Darcy. **O povo brasileiro.** São Paulo: Companhia das Letras, 2006, p. 127).

milênios, pelo menos há 12 mil anos e que, inicialmente, houve uma maior concentração de grupos na região nordeste do país[4]. De acordo com a referida arqueóloga, a agricultura teria nascido há pelo menos 3 mil anos em nosso atual território[5].

A lacuna de conhecimentos mais aprofundados acerca da história indígena no período anterior à chegada do europeu torna difícil a tarefa de compreender a trajetória indígena a partir da chegada do europeu ao longo do tempo até chegar ao período atual[6].

Ademais, é matéria assente que a população indígena existente na área que hoje integra o território brasileiro vivenciou graves prejuízos após a colonização europeia, como, de resto, ocorreu em todo o território americano[7]. Acerca do impacto da chegada europeia sobre os povos americanos, afirma Manuela Carneiro da Cunha:

> Se a população aborígene tinha, realmente, a densidade que hoje se lhe atribui, esvai-se a imagem tradicional (aparentemente consolidada no século XIX), de um continente pouco habitado a ser ocupado pelos europeus. Como foi dito com força por Jennings (1975), a América não foi descoberta, foi invadida[8].

---

4 Afirma Guidon: "O Brasil foi, portanto, colonizado desde épocas bastante remotas. Todo o país já estava ocupado desde há 12 mil anos. A população era densa, pelo menos na região Nordeste, a partir de 8 mil anos" (GUIDON, *op. cit.*, p. 52).

5 *Ibid.*, p. 52.

6 Segundo Manuela Carneiro da Cunha: "[...] o que é hoje o Brasil indígena são fragmentos de um tecido social cuja trama, muito mais complexa e abrangente, cobria provavelmente o território como um todo" (CUNHA, Manuela Carneiro da. **Índios no Brasil: história, direitos e cidadania.** São Paulo: Claro Enigma, 2012, p. 13).

7 CUNHA, **História dos índios no Brasil**, cit., p. 12.

8 CUNHA, **Índios no Brasil**, cit., p. 18. Segundo, ainda, Manuela Carneiro da Cunha, na obra *História dos índios no Brasil*: "É provável assim que as unidades sociais que conhecemos hoje sejam o resultado de um processo de atomização cujos mecanismos podem ser percebidos em estudos de caso como o de Turner sobre os Kayapó, e de reagrupamentos de grupos

Não se desconhece que no período pré-colombiano foi comum a ocorrência de conflitos e guerras entre os diversos povos indígenas. Contudo, tais embates em nada se comparam ao impacto que teve na vida dos povos originários a chegada do colonizador europeu.

linguisticamente diversos em unidades ao mesmo tempo culturalmente semelhantes e etnicamente diversas, cujos exemplos mais notórios são o alto Xingu e o do alto rio Negro (...)" (CUNHA, **História dos índios no Brasil**, cit., p. 12).

2

PERÍODO COLONIAL

No período colonial se observou a ocorrência de intenso processo de aniquilação de indivíduos e povos indígenas que jamais foi alcançada nos demais períodos que se sucederam. Tal período foi marcado, de outra forma, por legislações contraditórias e por uma aplicação geralmente orientada por interesses contrários aos indígenas.

2.1 PRIMEIROS SÉCULOS DE COLONIZAÇÃO

É tarefa difícil uma reconstrução histórica minimamente imparcial dos primeiros momentos do processo de colonização, sobretudo ante a ausência de registros da visão do índio colonizado, mas, tão somente, do colonizador[9]. De acordo com Darcy Ribeiro, nesse

[9] De acordo com Beatriz Perrone-Moisés: "Ainda resta muito a fazer para que se possa entender melhor as relações entre índios e colonizadores no Brasil" (PERRONE-MOISÉS, Beatriz. Índios livres e índios escravos: o princípio da legislação indigenista do período colonial (séculos XVI a XVIII). *In:* CUNHA, Manuela Carneiro da (Org.). **História dos índios no Brasil**. São Paulo: Companhia das Letras; Secretaria Municipal de Cultura; FAPESP, 1992, p. 116).

sentido, parece tarefa impossível a de entender o processo de formação da sociedade brasileira, uma vez que "só temos o testemunho de um dos protagonistas, o invasor"[10].

No entanto, algumas constatações referentes à mudança pelas quais passaram as populações indígenas podem ser apontadas. A principal delas é a de que, a partir do contato com o colonizador europeu, verificou-se uma drástica redução da população nativa.

Como ponto de partida, não se pode deixar de registrar e concordar com a afirmação feita por Raymundo Faoro, no sentido de que "a colonização foi obra do Estado, como as capitanias representaram delegação pública de poderes, sem exclusão da realeza"[11]. Tal aspecto tem grande relevância para o desenvolvimento do presente capítulo e dos seguintes, pois aponta e destaca o caráter oficial que regeu a exploração da colônia e é questão-chave para a discussão sobre as eventuais responsabilidades do poder público brasileiro mesmo na atualidade.

A instalação de um governo geral, na colônia, ainda no primeiro século de colonização, com a vinda de representantes da metrópole para construir uma administração local, e a consolidação de colonos e missionários religiosos, fixaram os novos elementos definidores na equação social do Brasil e permitiram a instalação de um sistema minimamente organizado de exploração econômica[12].

---

[10] RIBEIRO, **O povo brasileiro**, cit., p. 27. Afirma Manuela Carneiro da Cunha: "Os estudos de casos existentes na literatura são fragmentos de conhecimento que permitem imaginar, mas não preencher as lacunas de um quadro que gostaríamos fosse global. Permitem também, e isso é importante, não incorrer em certas armadilhas" (CUNHA, **Índios no Brasil**, cit., p. 11).

[11] FAORO, **Os donos do poder**: formação do patronato político brasileiro. 4. ed. São Paulo: Globo, 2008, p. 129.

[12] Para Manuela Carneiro da Cunha: "Com o primeiro governo geral do Brasil, a Colônia se instalou enquanto tal e as relações alteraram-se, tensionadas pelos interesses em jogo que, do lado europeu, envolviam colonos, governo e missionários, mantendo entre si, como assinala Taylor, uma complexa relação feita de conflito e de simbiose" (CUNHA, **História dos índios no Brasil**, cit., p. 15).

No século XVII, quando se deu início a um maior movimento de intrusão por parte do colonizador português, houve uma drástica redução da população indígena. Estima-se que tenha ocorrido uma redução de cerca de 4 milhões de indígenas para valor próximo à metade disso ao fim do referido século[13].

Os motivos para a rápida redução daquelas populações nos primeiros séculos foram, principalmente, as guerras de extermínio, a submissão dos nativos a trabalhos forçados em condições degradantes e a disseminação de novas doenças trazidas pelos colonizadores estrangeiros[14].

2.2 CONDIÇÕES DA LIBERDADE DO INDÍGENA NO INÍCIO E AO LONGO DO PROCESSO COLONIZADOR

O tema referente à liberdade do indígena é aspecto fundamental no processo colonizador e sua consideração é aspecto determinante na investigação, em cada período, para a constatação de uma ação estatal mais tendente a uma maior preservação ou, pelo contrário, que visasse a uma mais rápida aceleração da busca pelo seu extermínio[15].

Mesmo antes da chegada do colonizador português, o poder papal já havia mostrado preocupação e se manifestado oficialmente, por meio de bulas, acerca da relação de dominação do europeu sobre povos sob seu jugo. Assim, em 8 de janeiro de 1454, por exemplo,

13 Segundo Darcy Ribeiro, "entre 1600 e 1700, a população indígena fora reduzida de 4 para 2 milhões" (RIBEIRO, **O povo brasileiro**, cit., p. 129). De acordo com Marta Maria Azevedo, o quantitativo de índios ao longo do referido século já era inferior a 1 milhão. (AZEVEDO, *op. cit.*, p. 20).

14 "[...] a população original do Brasil foi drasticamente reduzida por um genocídio de projeções espantosas, que se deu através da guerra de extermínio, do desgaste no trabalho escravo e da virulência das novas enfermidades que os achacaram. A ele se seguiu um etnocídio igualmente dizimador, que atuou através da desmoralização pela catequese; [...]" (RIBEIRO, *op. cit.*, p. 130).

15 "No Brasil colonial, a questão da liberdade dos índios ocupa um lugar central [...]" (PERRONE-MOISÉS, *op. cit.*, p. 115).

foi emitida pelo Papa Nicolau V a bula pontifícia *Romanus Pontifex*, dirigida ao rei de Portugal, que reconhecia alguns direitos àquele reino, em suas empreitadas de conquista e subjugação de novos povos. Reconheceu-se na referida bula a liberdade de invasão e conquista de povos pagãos pelo reino de Portugal, bem como o poder de fundar igrejas nas terras descobertas, a fim de divulgar a fé cristã[16].

Em 04 de maio de 1493, um ano após a "descoberta" do Novo Mundo por Colombo, o Papa Alexandre VI emitiu a bula *Inter Coetera*, que trazia a divisão, entre os reinos católicos de Portugal e Espanha, das novas terras descobertas[17]. A referida bula trouxe como preocupação central do poder papal a necessidade de persuasão, sobre os povos nativos dos novos territórios, a fim de se lograr a propagação da fé cristã.

Essa tentativa de catequização já tratada por bulas antes mesmo da chegada do português à sua nova colônia no Novo Mundo, foi mantida, posteriormente, durante o processo colonizador, na busca de conversão do nativo. Tal busca foi responsável, em grande

---

16 Tais poderes se deram dentro do chamado Regime do Padroado, que consistia em "[...] conjunto de privilégios concedidos pela Santa Sé aos reis de Portugal e de Espanha. Eles também foram estendidos aos imperadores do Brasil. Tratava-se de um instrumento jurídico tipicamente medieval que possibilitava um domínio direto da Coroa nos negócios religiosos, especialmente nos aspectos administrativos, jurídicos e financeiros. Porém, os aspectos religiosos também eram afetados por tal domínio. Padres, religiosos e bispos eram também funcionários da Coroa portuguesa no Brasil colonial. Isto implica, em grande parte, o fato de que religião e religiosidade eram também assuntos de Estado (e vice-versa em muitos casos)" (TOLEDO, Cézar de Alencar Arnaut de; RUCKSTADTER, Flávio Massami Martins; RUCKSTADTER, Vanessa Campos Mariano. Padroado. *In:* LOMBARDI, José Claudinei; SAVIANI, Dermeval; e Nascimento, Maria Isabel Moura (Org.). **Navegando na história da educação brasileira – HISTEDBR.** Disponível em: <http://www.histedbr.fe.unicamp.br/navegando/glossario>. Acesso em: 08 abr. 2017.

17 HANKE, Lewis. Aristóteles e os índios americanos: um estudo de preconceito de raça no Mundo Moderno. **Revista de História,** São Paulo, v. 18, n. 37, p. 15-44, mar. 1959. Disponível em: <http://www.revistas.usp.br/revhistoria/article/view/107266/105779>. Acesso em: 06 jun. 2017, p. 25.

medida, pela extinção da população nativa, por variados motivos, como será melhor exposto a seguir.

2.3 GUERRAS DE EXTERMÍNIO NOS PRIMEIROS SÉCULOS CONTRA OS POVOS INDÍGENAS

O processo de dominação colonial exercido por Portugal - assim como também aquele efetuado pela Espanha sobre suas colônias - não se deu de modo pacífico; pelo contrário, foi realizado a partir do jugo exercido sobre os demais elementos populacionais aqui existentes, e, portanto, de forma altamente conflituosa[18].

Durante o processo de colonização, foi comum a ocorrência de guerras movidas pela Coroa portuguesa contra os nativos considerados hostis[19]. A justificação das guerras, vistas como justas, ocorria, geralmente, sob o fundamento de existência de prévios atos de hostilidade por parte desses grupos nativos[20].

Já nas primeiras décadas a partir do início da colonização se buscou criar e sistematizar uma legislação que, em casos de guerras justas, pudessem legitimar a escravidão indígena e limitar os excessos cometidos em tais situações. De acordo com Beatriz Perrone-Moisés:

> O principal caso de escravidão lícita é, como foi dito acima, o decorrente de guerra justa. Afirmam o cativeiro lícito neste caso a Lei de 20/3/1570 e a de 11/11/1595, que ilustram as constantes tentativas da Coroa de conter os 'abusos' e escravizações ilícitas limitando cada vez mais o poder de declará-las: [...][21].

---

18 "O processo de formação do povo brasileiro, que se fez pelo entrechoque de seus contingentes índios, negros e brancos, foi, por conseguinte, altamente conflitivo" (RIBEIRO, Darcy. **O povo brasileiro**, cit., p. 153).

19 RIBEIRO, *op. cit.*, p. 130.

20 "A preexistência de hostilidades por parte do inimigo será, sempre, a principal justificativa de guerra" (PERRONE-MOISÉS, *op. cit.*, p. 125).

21 *Ibid.*, p. 126.
Segundo, ainda, Beatriz Perrone-Moisés, a guerra justa permitia, inclusive, a escravização de indivíduos ou de grupos previamente aprisionados pelos

Sobretudo em função do domínio do uso de armas de fogo por parte do colonizador, as guerras contra os nativos hostis tiveram como consequência, muitas vezes, o extermínio de todo um grupo[22]. De outro lado, as comunidades que conseguiam sobreviver aos ataques eram obrigadas a, cada vez mais, fugirem para o sertão da colônia e se afastarem das suas áreas de ocupação tradicional[23].

Nessas guerras contra grupos nativos considerados hostis, foi estratégia reiteradamente usada pelo colonizador a realização de alianças com grupos indígenas rivais daqueles contra os quais se buscava guerrear e, dessa forma, aumentar o contingente de armas em seu favor.

Momento de relativa alteração da postura do colonizador em relação às comunidades indígenas se deu com o início da administração da metrópole pelo Marquês de Pombal, já no terceiro século de colonização, período em que o Estado buscou garantir com maior ênfase a integração social indígena, em especial por meio da

grupos considerados hostis: "A escravidão não é lícita apenas para os bárbaros hostis. Também podem ser escravos homens que não são inimigos, mas sendo cativos dos índios forem comprados, ou 'resgatados', para serem salvos. O 'resgate' é, como a guerra justa, um caso de escravidão fundamentado por regras de direito correntes, sendo sua liceidade aceita até mesmo pelo padre Vieira (...)" (*Ibid.*, p. 128). No mesmo sentido, João Mendes Jr., de acordo com quem: "Em 20 de Março de 1570 tinha sido promulgada em Evora uma lei proibindo o cativeiro dos índios; mas, com exceção dos que fossem tomados em justa guerra, os quais seriam inscritos nos livros das Provedorias para se saber a todo tempo quais eram os legitimamente cativos. Era, já meu pai o disse e repito, a hipocrisia do legislador em toda a sua ostentação: com a exceção derrogava a regra" (MENDES JR., João. **Os indígenas do Brazil, seus direitos individuais e políticos.** São Paulo: Typ. Hennies Irmãos, 1912, p. 29).

22 PERRONE-MOISÉS, *op. cit.*, p. 126.

23 Acerca dos ciclos vividos pelas populações indígenas após os contados com os brancos, afirma Manuela Carneiro da Cunha: "Após o primeiro contato, os grupos que conseguem sobreviver iniciam uma recuperação demográfica: assim foi com a América como um todo, que perdera grande parte de sua população aborígine entre 1492 e 1650, provavelmente uma das maiores catástrofes demográficas da humanidade. Cada avanço da fronteira econômica no país dá origem a um ciclo semelhante" (CUNHA, **Índios no Brasil**, cit., p. 123).

legislação do Diretório dos Índios, publicada em 1758[24]. No entanto, mesmo nesse período, viu-se a ocorrência de uma grande redução do total da população indígena na então colônia.

Ao longo do século XVIII a população sofreu, novamente, uma significativa redução[25]. No mesmo período, grande parcela de indígenas sobreviventes passava, de alguma forma, a ser integrada na sociedade colonial, enquanto o maior contingente se encontrava ainda isolado[26].

2.4 A LEGISLAÇÃO PORTUGUESA NO PERÍODO COLONIAL EM RELAÇÃO AOS INDÍGENAS

Capítulo à parte merece a matéria relativa à legislação criada pela Coroa portuguesa em relação à população indígena e, mais do que isso, a discussão de como se deu a aplicação, na prática, dos atos que, em tese, apontavam para um caráter mais protetivo dos direitos do nativo.

---

24 "Isto durou dois séculos. Chegou afinal o tardio momento em que Portugal enfrenta definitivamente a situação, e desembaraçado dos partidos em choque, impôs a 'sua' política, o interesse geral da colonização portuguesa no Brasil acima dos interesses particulares em oposição. Foi esta a obra de Pombal" (PRADO JÚNIOR, Caio. **Formação do Brasil contemporâneo.** São Paulo: Brasiliense; Publifolha, 2000, p. 89). Sobre o Diretório dos Índios, cf. COELHO, Mauro Cezar. O diretório dos índios e as chefias indígenas: Uma inflexão. *In:* **CAMPOS - Revista de Antropologia Social**, v. 7, n. 1, 2006, p. 118. Disponível em: <http://revistas.ufpr.br/campos/article/viewFile/5444/3999>. Acesso em: 09 abr. 2017.

25 De acordo com Marta Maria Azevedo, à época o total da população indígena era de aproximadamente 500 mil (AZEVEDO, *op. cit.,* p. 19). Por outro lado, estima Darcy Ribeiro que a população indígena teria decaído de um total de cerca de 2 milhões de indivíduos para cerca de 1,5 milhão. (RIBEIRO, Darcy. **O povo brasileiro**, cit., p. 136).

26 "Em 1700, a população neobrasileira teria atingido 500 mil habitantes, dos quais 200 mil representados por indígenas integrados ao sistema colonial [...]. Os negros seriam, talvez, 150 mil, concentrados principalmente nos engenhos de açúcar, mas também nas zonas recentemente abertas à mineração" (RIBEIRO, *op. cit.,* p. 136).

Inicialmente, em relação ao aspecto do distanciamento da legislação indigenista na colônia e de sua aplicação efetiva, esclarecedora é a afirmação de Perrone-Moisés, para quem "entre o projeto colonial expresso nas leis e a prática há, [...], uma grande distância"[27].

Importante destacar, de início, que, como regra geral, a colônia estava sujeita à mesma legislação que regia a sociedade da metrópole. Isto posto, estava submetida a colônia às normas sistematizadas nas Ordenações (afonsinas, manuelinas, filipinas). Neste aspecto, merece especial referência as Ordenações Filipinas, que tiveram período de vigência por longo tempo como legislação básica na colônia (desde 1603) e que organizaram a estrutura administrativa do reino e que tratavam, de forma detalhada, das funções dos representantes do rei, inclusive na colônia[28].

De outra forma, estava a colônia submetida a normas específicas criadas para regular situações aqui existentes e expedidas pelo rei ou por delegados seus, mas sempre sob sua chancela ou legitimação. Nesse rol podem ser citadas as Cartas Regias, Leis, Alvarás, dentre outros[29].

---

27 PERRONE-MOISÉS, *op. cit.*, p. 116.

28 "Às *Ordenações Afonsinas*, que não lograram durar, sucederam as *Ordenações Manuelinas* (1521), reclamadas pela introdução de reformas administrativas e financeiras, sobretudo concernentes à administração local, reformas que alteraram profundamente o novo código". "Um período de rápidas transformações, com a descoberta de novos mundos, levando o reino a se ajustar à realidade ultramarina, ferida a consolidação com inúmeras *leis extravagantes*, levou, em 1603, à edição das *Ordenações Filipinas*, o mais persistente código legislativo de Portugal e do Brasil, confirmado, em 1640, por dom João IV, o primeiro rei da dinastia de Bragança. As *Ordenações Filipinas* são, básica e principalmente, o estatuto da organização político-administrativa do reino, com a minudente especificação das atribuições dos delegados do rei [...]" (FAORO, *op. cit.*, p. 83-84). Cf., também, GOMES, Orlando. **Raízes históricas e sociológicas do código civil brasileiro**. 2. ed. São Paulo: Martins Fontes, 2006, p. 3.

29 PERRONE-MOISÉS, *op. cit.*, p. 116.

No tocante à história da legislação indígena no período colonial, no bojo daquele sistema legislativo complexo, pode-se apontar que foi marcada por ondas protetivas seguidas por perda de garantias. Por outro lado, mesmo sob a vigência de normas garantidoras, a sua aplicação rotineiramente esbarrava em uma ausência de efetividade por parte do poder estabelecido[30].

Nesse sentido, a atuação da metrópole era, nas palavras de Beatriz Perrone-Moisés, "contraditória, oscilante, hipócrita"[31]. Tal hipocrisia, de acordo com a referida autora, decorria da necessidade de resposta à pressão política exercida, de um lado, pelos colonos, ciosos de maior liberdade na exploração do nativo, e, de outro, pela Igreja Católica, que buscava restringir a ação violenta sobre o índio[32].

Contudo, já ao longo do primeiro século de colonização, em que pesem as repreensões do poder eclesiástico terem sido recorrentes, a escravidão da população nativa foi usual, sobretudo em razão da escassez de colonos e da necessidade premente de mão de obra[33].

Na análise daquele período histórico não se pode perder de vista que, enquanto colônia de Portugal, a lógica da dominação e da submissão do nativo e das terras aqui encontradas era a lógica corrente. No dizer de Roberto Damatta:

---

30 "A menção a esses antigos diplomas jurídicos faz-se apenas para destacar as dificuldades surgidas desde o princípio da configuração do Brasil como território componente de uma organização estatal. Se em 1718, por meio de uma Provisão, os índios eram declarados homens livres e isentos da jurisdição da coroa portuguesa, desde os Governos Gerais ocorria uma sistemática integração do índio à 'sociedade civilizada', quer por meio da evangelização jesuítica quer pela prática de 'acordos', consentâneos com a povoação do território descoberto" (FERRAZ JUNIOR, Tércio Sampaio. A demarcação de terras indígenas e seu fundamento constitucional. **Revista Brasileira de Direito Constitucional**, n. 3, jan./jun. 2004, p. 689).

31 PERRONE-MOISÉS, *op. cit.*, p. 115.

32 *Ibid.*, p. 115-116.

33 "A escravidão indígena predominou ao longo de todo o primeiro século. Só no século XVII a escravidão negra viria a sobrepujá-la, conforme assinala Brandão" (RIBEIRO, **O povo brasileiro**, cit., p. 88).

> O fato social crítico e socialmente significativo é que era Portugal quem nos dominava, abrangia e totalizava. Em outras palavras, a Colônia brasileira nunca foi um campo para experiências sociais ou políticas inovadoras, onde se pudessem implementar a fundo diferenças radicais e individualidades[34].

Embora não se possa confundir os valores inscritos na legislação e a realidade vivida pelas populações indígenas, não se pode deixar de apontar que, de certo modo, as leis, em alguma medida, traduziam a visão que a metrópole possuía em relação ao indígena nos respectivos períodos. Nesse sentido, afirma Manuela Carneiro da Cunha:

> [...] por violadas que tenham sido, as leis expressam por excelência e até em suas contradições o pensamento indigenista dominante da época. Não se pense, é claro, que se possam confundir com o que realmente ocorreu: [...][35].

A ausência de certeza da aplicabilidade da legislação mais protetiva aos indígenas criava grave divergências em relação à condição de liberdade do nativo no processo de colonização, ao ponto que situações como a sua submissão à escravidão, aparentemente injustificadas sob o ponto de vista da legislação vigente no período colonial e da vedação expressa por parte do poder religioso, não fosse incomum[36].

Em regra, as normas criadas para regular a relação com os indígenas quase sempre eram limitadas a determinada circunstância peculiar, tais como localidade e povo envolvido[37]. Mesmo quando a legislação possuía caráter mais geral, era comum a distinção entre

---

[34] DAMATTA, *op. cit.*, p. 71.

[35] CUNHA, **Política indigenista no século XIX**, cit., p. 133.

[36] "No Brasil, eram de tal porte as dúvidas quanto à escravidão indígena que Varnhagen (...) atribui o início do incremento à importação de escravos africanos à dificuldade que encontravam os moradores em legitimar a posse dos índios" (PERRONE-MOISÉS, *op. cit.*, p. 115).

[37] *Ibid.*, p. 117.

índios amistosos e inimigos e, a partir da referida distinção, a adoção de tratamentos opostos entre cada um desses grupos[38].

Assim, trazidos alguns elementos do contexto histórico experimentado, cumpre apontar os principais atos garantidores dos direitos indígenas no período colonial, sobretudo a legislação que regulamentou a situação dos aldeamentos e aquela que dizia respeito ao seu direito sobre as terras por eles ocupadas, que serão tratadas a seguir.

2.5 ALDEAMENTOS

Um indicativo da forma de tratamento dispensado aos povos indígenas na colônia era expresso na legislação que possibilita os aldeamentos dos povos nativos. Tais aldeamentos tinham por objetivo fomentar o aprofundamento da relação entre indígenas e colonos, sobretudo no intuito de integrá-los aos valores do colonizador e permitir o uso de sua força de trabalho[39]. Ainda nesse momento, a preocupação era mais com os corpos indígenas e menos com as suas terras.

Tal instrumento de aldeamento se tornou mais premente ao longo do tempo, sobretudo a partir do momento em que a metrópole constatou a necessidade de adentrar o território colonial para a exploração de atividades econômicas, enquanto ainda era escassa a presença do escravo africano[40].

---

38 *Ibid.*, p. 117.

39 *Ibid.*, p. 118.

40 Para Celso Furtado: "Coube a Portugal a tarefa de encontrar uma forma de utilização econômica das terras americanas que não fosse a fácil extração de metais preciosos" (FURTADO, Celso. **Formação econômica do Brasil.** 34. ed. São Paulo: Companhia das Letras, 2007, p. 29). Sobre a política de aldeamento à época, atesta Manuela Carneiro da Cunha: "Aldear os índios, ou seja, reuni-los e sedentarizá-los sob governo missionário ou leigo, era prática antiga, iniciada em meados do século XVI. Diziam os jesuítas que se não podia catequizá-los sem esse meio. Quanto aos colonos, desejavam os aldeamentos o mais próximo possível de seus próprios estabelecimentos, já que neles se

Além disso, os aldeamentos possuíram papel estratégico na defesa dos colonizadores, uma vez que a manutenção de grandes contingentes de nativos parceiros representava uma importante proteção aos colonos diante de potencial ataque de inimigos. Nas palavras de Perrone-Moisés, eram as "muralhas dos sertões"[41].

A legislação que trata da demarcação de aldeamentos garantiu, como regra geral, ao nativo direito sobre aquelas áreas que ocupavam. Segundo Beatriz Perrone-Moisés:

> As terras das aldeias são garantidas aos índios desde o início. A expressão 'senhores das terras das aldeias', como o são na serra, declaração dessa garantia, aparece pela primeira vez no Alvará de 26/7/1596 e será retomada nas Leis de 1609 e 1611. Várias Provisões tratam da demarcação (presente desde o Alvará de 26/7/1596) e garantia de posse dessas terras (p. ex.: Provisão de 8/7/1604, Carta Régia de 17/1/1691, Diretório de 1757, pars. 19, 80)[42].

A política de aldeamento se baseou na distinção entre duas categorias antitéticas de índios adotada pelo Estado colonizador. Trata-se da distinção entre índios aldeados, considerados aliados,

abasteciam de mão de obra. Por todas essas razões, os descimentos de índios para perto das cidades ou sua concentração em missões foram constantes na colônia. Com isso, uma primeira redução de territórios foi obtida: redução era aliás o termo usado no século XVII para a reunião de índios em missões jesuíticas. Seu sentido de subjugação aliava-se bem ao de confinamento territorial" (CUNHA, **Política indigenista no século XIX**, cit., p. 143).

41 "Os aldeados e aliados são encarregados de defender as vilas e plantações dos ataques do gentio e as fronteiras dos ataques dos inimigos europeus. Povos estratégicos, são as 'muralhas dos sertões', barreira viva à penetração de inimigos de todo tipo" (PERRONE-MOISÉS, *op. cit.*, p. 121). Nádia Farage, na obra *As muralhas dos sertões*, aborda a relação de proteção buscada pelas potências europeias junto aos índios na região norte do Brasil, no período de colonização (FARAGE, Nádia. **As muralhas dos sertões**: os povos indígenas no Rio Branco e a colonização. Rio de Janeiro: Paz e Terra, ANPOCS, 1991).

42 PERRONE-MOISÉS, *op. cit.*, p. 118.

passíveis de conversão, e em relação ao qual o poder estatal dispensava uma legislação protetiva mínima, e índios errantes, inimigos, considerados os seus contrários e em relação aos quais a legislação, mais do que omissa, permitia a ação violenta do colonizador para sua dominação[43].

As normas que regiam os aldeamentos foram constantemente desrespeitadas e mesmo os índios "amigos" eram regularmente explorados pelos moradores da colônia e sujeitos à ação de bandeirantes[44]. Tal situação corrobora a já referida prática de dissociação dos valores protetivos por vezes previstos na legislação e sua real aplicação, na prática.

2.6 O PAPEL DA IGREJA NOS PRIMEIROS SÉCULOS DE COLONIZAÇÃO EUROPEIA

Capítulo à parte merece a discussão em torno do papel da Igreja Católica na relação entre indígenas e colonizadores, sobretudo no que concerne à defesa das liberdades e garantias dos nativos naquele processo colonizador. Tal relação é, ainda hoje, mal compreendida na história brasileira.

O poder papal, desde as primeiras décadas da colonização no Novo Mundo, foi responsável pela criação de atos que reconheciam a humanidade dos povos indígenas e, portanto, reconheciam-nos como capazes de adquirir a igualdade entre os cristãos. Nesse sentido é o que dispõe a bula *Sublimis Deus,* publicada pelo Papa Paulo III, em 1537[45]. Situação diversa se deu em relação ao escravo africano,

---

43 *Ibid.*, p. 117.

44 "Os pobres índios tornaram a ser vítimas de muitas perseguições; e, entre os *bandeirantes,* estabeleceu-se uma luta: uns, como Fernão Dias Paes, procuravam fundar lavouras e proceder honestamente, opunham-se às crueldades contra os índios; outros se dedicavam mesmo à caçada de índios, para serem remetidos como já civilizados" (MENDES JR. *op. cit.*, p. 33).

45 Declarava a referida bula: "Pelas presentes Letras decretamos e declaramos com nossa autoridade apostólica que os referidos índios e todos os

que não foi objeto da mesma preocupação por parte de Roma[46].

Representantes da Igreja tiveram relevante papel como denunciadores dos abusos exercidos pelo colonizador europeu em relação ao nativo do Novo Mundo. Na América espanhola exerceu papel de verdadeiro precursor na defesa dos direitos indígenas o dominicano Bartolomé de Las Casas[47].

No entanto, apesar da clara posição da Igreja em relação à humanidade dos indígenas e da necessidade de se garantir a sua integridade, não impediu a corriqueira ocorrência de extermínio do

---

demais povos que daqui por diante venham ao conhecimento dos cristãos, embora se encontrem fora da fé de Cristo, são dotados de liberdade e não devem ser privados dela, nem do domínio de suas cousas, e ainda mais, que podem usar, possuir e gozar livremente desta liberdade e deste domínio, nem devem ser reduzidos à escravidão; e que é írrito, nulo e de nenhum valor tudo quanto se fizer em qualquer tempo de outra forma" (BOSI, Alfredo. **Dialética da colonização.** São Paulo: Companhia das Letras, 1992, p. 136). No mesmo ano, algumas semanas depois da edição da bula anteriormente referida, o Papa publicou a encíclica *Veritas Ipsa* com o mesmo teor. Segundo Manuela Carneiro da Cunha: "[...] a *Bula Veritas Ipsa* de Paulo III, que, em 1537, reconhecia a humanidade dos índios: eram humanos, portanto... passíveis de serem tornados iguais" (CUNHA, **Índios no Brasil**, cit., p. 129). A respeito do receio gerado no colono pelo descumprimento das bulas com a pena de excomunhão, vide FERRAZ JUNIOR, *op. cit.*, p. 689.

46 "Um hiato mais embaraçoso entre a doutrina evangélica e as praxes coloniais se abre quando os escravos já não são ameríndios, mas africanos" (BOSI, *op. cit.*, p. 143). Sobre o assunto, explica Raymundo Faoro: "Os colonos [...] não queriam cristãos, mas escravos, desejo que os padres não recusariam, com o negro, num acordo de tendências, advogado pelos jesuítas. Daí a contradição: o escravo índio estaria submetido a restrições, enquanto o escravo negro não tinha nenhum direito, salvo o da brandura cristã dos senhores" (FAORO, *op. cit.*, p. 233). Cf., também, HANKE, *op. cit.*, p. 36.

47 LAS CASAS, Frei Bartolomé de. Princípios para defender a justiça dos índios. *In:* SOUZA FILHO, C. F. (Org.). **Textos clássicos sobre o direito e os povos indígenas.** Curitiba: Juruá/NDI, 1992, p. 19. Cf., ainda, HANKE, *op. cit.*, p. 15-43.

nativo pelo colono, que, em grande medida, utilizou-se do discurso da animalidade ou ausência de humanidade do índio como forma de racionalização de seus crimes[48].

Curiosa e paradoxalmente, a discussão acerca da condição humana do indígena ganhou maior evidência somente séculos depois, com o desenvolvimento do cientificismo em ebulição no século XIX[49], quando a influência religiosa, sobretudo a católica, já não era a mesma dos séculos anteriores e passou a perder espaço no ocidente.

O poder eclesiástico, presente na colônia desde o primeiro século, tinha um objetivo muito claro, consistente na conversão do nativo ao cristianismo e a construção de uma sociedade cristã na colônia[50]. Nesse contexto, dentre todas, a ordem jesuíta teve especial destaque[51].

Caio Prado Júnior, acerca da relevância das missões religiosas no processo de colonização, afirma:

---

48 A respeito do tratamento desumano dispensado ao índio no Novo Mundo, afirma Pierre Clastres: "Na América do Sul, os matadores de índios levam ao ponto máximo a posição do Outro como diferença: o índio selvagem não é um ser humano, mas um simples animal. O homicídio de um índio não é um ato criminoso, o racismo desse ato é inclusive totalmente evacuado, já que afinal ele implica, para se exercer, o reconhecimento de um mínimo de humanidade no Outro" (CLASTRES, Pierre. **Arqueologia da violência: pesquisas de antropologia política.** Paulo Neves (trad.). São Paulo: Editora Cosac & Naify, 2004, p. 57).

49 CUNHA, **Política indigenista no século XIX**, cit., p. 134.

50 Acerca do movimento do cristianismo na América Latina, afirma Darcy Ribeiro: "O que se queria implantar aqui, em nome de Cristo, era o que havia desde sempre, como jamais houve em parte alguma: uma sociedade solidária de homens livres" (RIBEIRO, Darcy. **A América Latina existe?** Rio de Janeiro: Fundação Darcy Ribeiro; Brasília, DF: Editora UnB, 2010, p. 51). Por outro lado, de acordo com Alfredo Bosi: "A mensagem cristã de base, pela qual todos os homens são chamados filhos do mesmo Deus, logo irmãos, contraria, em tese, as pseudorazões do particularismo colonial: este fabrica uma linguagem utilitária, fatalista, no limite racista, cujos argumentos interesseiros calçam o discurso do opressor" (BOSI, *op. cit.*, p. 36).

51 CUNHA, **História dos índios no Brasil**, cit., p. 16.

> Tanto pelo vulto que tomaram, como pela consciência e tenacidade que demonstraram na luta por seus objetivos, se destacam nitidamente nesta questão [colonização], as missões religiosas não intervêm como simples instrumentos de colonização, procurando abrir e preparar caminho para esta no seio da população indígena[52].

O objetivo das missões em antecipar, a partir de uma abordagem evangelizadora, o contato dos indígenas com os colonos se mostrou, desde o início, incompatível com a lógica de exploração da metrópole portuguesa e, por esse motivo, foram recorrentes os embates entre Igreja e o colonizador por mais de dois séculos de colonização, até que os jesuítas viessem a ser expulsos do reino português, no século XVIII[53].

Os jesuítas representaram, de outra banda, importante barreira aos colonizadores na exploração e escravização dos povos indígenas[54]. Nesse sentido, foi comum a ocorrência de embates dessa ordem com os representantes da Coroa e também com moradores

---

52 PRADO JÚNIOR, *op. cit.*, p. 87.

53 MENDES JR., *op. cit.*, p. 22. Nas palavras de Alfredo Bosi: "O que pretendiam os jesuítas? Transplantar para o Novo Mundo um culto universalista – *Ide e pregai a boa nova a todos os povos* –, de base cristã-medieval e animado pelos fervores salvacionistas ibéricos. O projeto da Companhia, já esboçado nas Constituições de Loyola, percorre sem mudanças de fundo os escritos missionários de Nóbrega, de Anchieta, de Simão de Vasconcelos, de Vieira, de Montoya e dos fundadores das reduções paraguaias. Os seus planos revelaram-se, a médio e longo prazo, incompatíveis com a expansão dos 'portugueses de São Paulo' e com os interesses estratégicos dos Estados espanhol e luso ao sul do continente" (BOSI, *op. cit.*, p. 379). De acordo, ainda, com Caio Prado Junior: "[...] o fato é que nas suas atividades, na ação que se desenvolveu junto ao índio, no regime e educação que o submeteu, o jesuíta agia muitas vezes em contradição manifesta não só com os interesses particulares e imediatos dos colonos, o que é matéria pacífica, mas com os da própria metrópole e de sua política colonial" (PRADO JÚNIOR, *op. cit.*, p. 87).

54 FAORO, *op. cit.*, p. 230.

na colônia. Exemplificam tais embates as expulsões dos jesuítas de localidades em que se tornavam indesejáveis[55].

Por outro lado, nem sempre a relação entre o poder religioso e o da metrópole se apresentava de modo antagônico. A relação se mostrou relativamente maleável no tempo, e a Igreja, por vezes, acabou por ceder às pressões econômicas e políticas em seu papel de proteção contra a espoliação do indígena[56].

Observa-se, ainda, que a Igreja buscou, como regra, incutir nos povos indígenas os valores cristãos de forma impositiva[57], em que pese a existência de situações em que se observou a absorção de costumes nativos na realização de rituais católicos em toda a colônia[58].

Os representantes do poder eclesiástico, presentes desde o primeiro século de colonização, tiveram grande influência no destino dos indígenas no período colonial, de forma direta ou não. Exemplo dessa relevância da Igreja é referida por Manuela Carneiro da Cunha, para quem:

---

55 "Apenas os jesuítas, talvez pela sua ligação direta com Roma, talvez pela independência financeira que adquiriram, lograram ter uma política independente, e entraram em choque ocasionalmente com o governo e regularmente com os moradores – como atestam suas expulsões de São Paulo em 1640, do Maranhão e Pará em 1661-2 e do Maranhão em 1684, desta vez por influência tanto dos colonos quanto das outras ordens religiosas" (CUNHA, **História dos índios no Brasil**, p. 16). Sobre a divergência de interesses entre colonos e a Igreja, relembra Bosi que: "Anchieta considerava os portugueses os maiores inimigos da catequese: 'os maiores impedimentos nascem dos portugueses, e o primeiro é não haver neles zelo da salvação dos Índios [...] antes os têm por selvagens'" (BOSI, *op. cit.*, p. 31-32).

56 DAMATTA, Roberto, *op. cit.*, p. 70. BOSI, *op. cit.*, p. 136.

57 BOSI, *op. cit.*, p. 60.

58 "O que pensar dessa fusão de latim litúrgico medieval posto em prosódia e em música de viola caipira, e da sua resistência à ação pertinaz da Igreja Católica que, desde o Vaticano II, decretou o uso exclusivo do vernáculo como idioma próprio para toda sorte de celebração?" (*Ibid.*, p. 50).

> Particularmente nefasta foi a política de concentração da população praticada por missionários e pelos órgãos oficiais, pois a alta densidade dos aldeamentos favoreceu as epidemias, sem, no entanto, garantir o aprovisionamento[59].

À Igreja pode ser imputada a responsabilidade, também, pela extinção de diversas culturas nativas, em razão da política de buscar colocar em prática aquele objetivo de, por meio de suas missões, incutir no nativo, especialmente nas crianças, a fé cristã e catequizá-los[60].

De qualquer forma, é inegável que as missões religiosas, na busca de conversão dos nativos à fé cristã, foram importante elemento de interiorização da ocupação no território colonial, ao lado dos bandeirantes, embora com finalidades opostas[61]. Nesse sentido, em diversas ocasiões, a Igreja foi o primeiro elo de contato com grupos indígenas locais na colônia.

Como será mostrado a seguir, no período colonial a Igreja Católica perdeu influência no período pombalino, em meados do

59 CUNHA, **Índios no Brasil**, cit., p. 15.

60 "Quem são, por outro lado, os praticantes do etnocídio? Quem se opõe à alma dos povos? Em primeiro lugar aparecem, na América do Sul, mas também em muitas outras regiões, os missionários. Propagadores militantes da fé cristã, eles se esforçam por substituir as crenças bárbaras dos pagãos pela religião do Ocidente" (CLASTRES, *op. cit.*, p. 57).

61 Acerca da ação das Missões religiosas na Colônia, afirma Caio Prado Júnior: "Os padres, que procuravam outra coisa que riquezas minerais, tinham-se adiantado a seus compatriotas espanhóis; deixando aos colonos as minas do planalto andino e sua densa população indígena, a matéria-prima e o trabalho que aqueles queriam, foram se estabelecer lá onde não chegava a cobiça do conquistador e onde esperavam não ser perturbados na sua conquista espiritual, prelúdio do domínio temporal a que aspiravam; e vão se fixar na vertente oriental e baixada subjacente dos Andes. Daí esta linha ininterrupta de missões jesuíticas espanholas, estabelecidas no correr dos sécs. XVI e XVII, e que se traça de Sul a Norte, do Prata ao Amazonas, pelo interior do continente: missões do Uruguai, do Paraguai; a efêmera Guaíra; dos Chiquitos e dos Moxos, na Bolívia; missões do Pe. Samuel Fritz no Alto-Amazonas" (PRADO JÚNIOR, *op. cit.*, p. 28).

século XVIII. Por outro lado, retomou parte de seu protagonismo no período imperial.

2.7 A CONDIÇÃO DO ÍNDIO COMO ESCRAVO E A NEGATIVA DE SEUS DIREITOS

Ainda que existissem severas proibições à escravidão indígena no período colonial, sobretudo a partir de determinações entabuladas em bulas e encíclicas papais, é fato que a servidão do índio se fez presente, em graus variados, durante o período colonial e, nesse contexto, suas garantias territoriais se faziam absolutamente frágeis.

Fato que comprova, de forma inconteste, a corriqueira utilização do índio na condição servil é a existência de documentos que aboliam, em diversos períodos, aquela condição, como aponta Manuela Carneiro da Cunha: "A escravidão dos índios foi abolida várias vezes em particular no século XVII e no século XVIII: ou seja, a abolição foi várias vezes, por sua vez, abolida"[62].

Em outras palavras, se era necessário abolir, significa que havia prévia autorização para a escravidão ou que tal prática era comum. De fato, a publicação desses atos abolicionistas faz pressupor, logicamente, a preexistência de submissão a condições de servidão, fato esse que pode ser comprovado em vários registros.

Mesmo já no início do século XIX, no fim do período colonial, foi recorrente a declaração de "guerras justas" a índios considerados hostis pela Coroa e, consequentemente, a possibilidade de submetê-los à escravidão. Exemplos de indígenas que, considerados hostis, foram combatidos são os chamados "botocudos" – denominação

62 "[...] de boas intenções estava o inferno calçado: pois, ao passo que essas leis, assim como a de 10 de Setembro de 1611, o Alvará de 10 de Novembro de 1647, a Lei de 17 de Outubro de 1653, a Carta Régia de 29 de Abril de 1667, a Lei de 1 de Abril de 1680, não cessavam de afirmar a liberdade dos índios, ainda veio a Carta Régia de 20 de Abril de 1708 declarar que os índios *podiam ser vendidos em praça pública para indenização das despesas que a Fazenda Real fizesse*" (MENDES JR., *op. cit.*, p. 29). Cf., ainda, sobre o assunto: CUNHA, **Política indigenista no século XIX**, cit., p. 146.

que não se referia a etnia, mas a um exônimo, decorrente do uso de botoques nos lábios por determinados grupos –, e aqueles presentes na região de Guarapuava – Kaingang –, grupos que experimentaram drástica redução de população por ação da Coroa à época[63].

Manuela Carneiro da Cunha, dentre outros autores, aponta, ainda, para a existência de práticas de submissão do índio à escravidão mesmo ainda após o fim do período colonial e início do Império, até mesmo sendo constatada a presença de escravos indígenas na corte[64]. Em que pese a existência de importantes documentos expedidos proibindo a escravidão indígena – pela Igreja ou pela Coroa –, sua prática foi muito mais comum do que permite compreender as leis vigentes à época. Além disso, ao longo do tempo, os casos excepcionais em que se admitia a escravidão se converteram, na realidade, em prática comum[65].

2.8 DIREITO À TERRA AO INDÍGENA NOS PRIMEIROS SÉCULOS DE COLONIZAÇÃO

Feitas as considerações acerca das relações entre colonizador e povos indígenas, passa-se a destacar mais especificamente o contexto da proteção territorial dispensado aos povos originários pelo colonizador português. Nesse contexto, inicialmente, importante destacar que a legislação das sesmarias, preexistente em Portugal[66],

---

63 CUNHA, **Política indigenista no século XIX**, cit., p. 146; MENDES JR., *op. cit.*, p. 40.

64 Manuela Carneiro da Cunha relata a existência de escravidão indígena durante o século XIX, até, pelo menos, por volta do meio do século (CUNHA, **Política indigenista no século XIX**, cit., p. 146).

65 PERRONE-MOISÉS, *op. cit.*, p. 128. Até por volta do início do século XIX, segundo Mendes Júnior sobre as causas de guerra aos índios, afirma: "[...] a causa real, a causa única, foi o plano de reduzi-los à servidão" (MENDES JR., *op. cit.*, p. 40).

66 BERNARDO, Leandro Ferreira. **O problema do acesso à terra no estado multicultural.** Maringá: Unicorpore, 2012, p. 25. A Lei das Sesmarias foi criada, originariamente, em 1375, sob o governo de Dom Fernando, fundava-se em duas principais medidas para alcançar a resolução da

foi exportada para a então nova colônia - em um contexto diverso ao que justificou seu surgimento na metrópole - e foi responsável pela regulamentação do sistema de exploração de vastas porções de terras para favorecer o mercado metropolitano[67].

Em que pesem as dificuldades na identificação dos reais objetivos da metrópole a partir da legislação por ela criada e da política efetivamente desenvolvida, resta claro, ao menos, que a questão envolvendo a titularidade da terra costumeiramente ocupada pelos indígenas foi objeto de nítida proteção legal em seu favor.

A historiadora Manuela Carneiro da Cunha aponta como primeiro precedente conhecido de legislação protetiva dos direitos territoriais das populações indígenas a Carta Régia de 30 de julho de 1609:

> O princípio dos direitos indígenas às suas terras, embora sistematicamente desrespeitado, está na lei desde pelo menos a Carta Régia de 30 de julho de 1609. O Alvará de 1° de abril de 1680 afirma que os índios são 'primários e naturais senhores' de suas terras, e que nenhum outro

---

crise de alimentos existente à época em Portugal: tornar obrigatório o cultivo das terras por quem os detinha, sob pena, inclusive, de perda do direito de detenção sobre ela, e tornar obrigatório o trabalho, sobretudo sobre os integrantes dos estratos sociais mais baixos. Representou a legislação das Sesmarias em Portugal uma tentativa de reação à estagnação agrícola do país, em grande medida impulsionada pelo desenvolvimento das relações mercantis ocorridas nos grandes centros, o que concorria para o êxodo rural em direção às cidades integrantes dos estratos sociais mais baixos.

67 "A monarquia lusitana, nessa tarefa de povoar o território imenso, encontrou, nas arcas de sua tradição, um modelo legislado: as sesmarias" (FAORO, *op. cit.*, p. 146). "Aqui fica evidente mais um contraste na transposição do sistema sesmarial à colônia brasileira, uma vez que a intenção da Coroa portuguesa era, naquele momento, a exploração de grandes porções de terra em larga escala, com finalidades mercantilistas, a fim de abastecer o mercado europeu com produtos agrícolas de seu interesse" (BERNARDO, *op. cit.*, p. 29).

> título, nem sequer a concessão de sesmarias, poderá valer nas terras indígenas[68].

Posteriormente, o Alvará Régio de 1º de abril de 1680 definiu os indígenas como senhores de suas terras e, consequentemente, garantiu-lhes o direito de não serem molestados pelo colonizador[69].

Interessante constatar que a expedição do Alvará, que garantia o direito dos povos indígenas sobre suas terras, deu-se em período muito anterior a qualquer legislação que claramente definisse direitos de propriedade aos colonos, nos moldes atualmente existentes. Tal observação é apontada por Alberto Passos Guimarães, para quem:

> Mais significativo ainda é o fato de que, até o momento de proclamar-se, incondicionalmente, o direito do índio às terras por eles ocupadas, na qualidade de 'primários e naturais senhores delas', não se havia ainda instituído, sob forma completa e perene, a propriedade privada dos

---

68 CUNHA, **Índios no Brasil**, cit., p. 127. De acordo com João Mendes Júnior, tais garantias previstas nos referidos documentos nesta época teriam dado origem ao instituto posteriormente nominado de "indigenato", que garante aos povos indígenas um direito originário sobre as terras por eles ocupadas (MENDES JR., *op. cit.*, p. 58).

Sobre o instituto do indigenato, *vide* capítulos 3 e 4.

69 "No plano legal, o índio sempre teve reconhecido seu direito à terra. Esta prerrogativa data de um alvará de 1680, que os define como 'primários e naturais senhores dela'. Esse direito é confirmado e ampliado pela Lei n. 6, de 1755, e por toda a legislação posterior" (RIBEIRO, Darcy. **Os índios e a civilização**: a integração das populações indígenas no Brasil moderno. São Paulo: Companhia das Letras, 1996, p. 218). De acordo com Alberto Passos Guimarães, o Alvará Régio de 1º de abril de 1680 "adquiriu extraordinária significação porque nele foi reconhecido, pela primeira vez, ao indígena, o direito à propriedade das terras 'ainda que sejam dadas em sesmarias a pessoas particulares, porque na concessão dessas sesmarias se reserva o prejuízo de terceiro e muito mais se entende, e quero que se entenda, ser reservado o direito dos índios, primários e naturais senhores delas'" (GUIMARAES, Alberto Passos. **Quatro séculos de latifúndio.** 5. ed. Rio de Janeiro: Paz e Terra, 1981, p. 16).

> colonizadores às terras que lhes eram distribuídas, em conformidade com o princípio da sesmaria, sob determinadas condições e reservas, e cuja efetivação era indispensável para sua confirmação posterior[70].

O documento teve relevância para a proteção dos direitos territoriais indígenas no Brasil e serviu de parâmetro para as legislações que se sucederam nos séculos seguintes na colônia e permite constatar que, pelo menos em relação ao aspecto territorial, tais grupos têm contado, historicamente, com uma proteção legislativa.

2.9 PERÍODO POMBALINO E ALTERAÇÕES NA POLÍTICA DA METRÓPOLE EM RELAÇÃO AOS POVOS INDÍGENAS E SUAS TERRAS

O período conhecido por pombalino, no início da segunda metade do século XVIII, quando a administração dos negócios do reino estava a cargo do Marquês de Pombal, teve grande relevância para a então colônia. O período também é marcado por significativas mudanças na política até então direcionada aos indígenas.

Sobressaiu nesse período a política de assimilação dos grupos indígenas na sociedade colonial, sobretudo aqueles já aldeados. A política se enquadrava dentro de um interesse maior de consolidação de uma sociedade local, com a integração entre o colonizador e povo nativo[71]. Nesse ponto, cabe destacar que foi incentivada a presença do homem branco nos aldeamentos[72].

Cumpre ressaltar que a mesma política jamais foi dispensada ao negro de origem africana. Pelo contrário, sua miscigenação com os demais grupos formadores do povo brasileiro foi muitas vezes

---

70 GUIMARAES, *op. cit.*, p. 17.

71 CUNHA, **Índios no Brasil**, cit., p. 20.

72 A respeito da política assimilacionista de Pombal, afirma Beatriz Perrone-Moisés: "A política pombalina, procurando assimilar definitivamente os índios aldeados, incentiva a presença de brancos nas aldeias para acabar com a 'odiosa separação, entre uns e outros (...)'" (PERRONE-MOISÉS, *op. cit.*, p. 119).

punida pelo Estado. Sobre o assunto, bem ilustra Gilberto Freyre o tratamento diferenciado do indígena em relação ao negro no período, ao destacar que em 1771 o vice-rei, marquês de Lavradio, rebaixou do posto de capitão-mor um índio pelo fato de "ter casado com uma negra e assim haver manchado o seu sangue e se mostrado indigno do cargo"[73].

De outro lado, nesse período as missões jesuíticas foram expulsas da colônia e da metrópole, no conjunto daquela estratégia de acabar com a dominação religiosa nos aldeamentos e permitir uma política voltada àqueles indígenas de forma mais uniforme, de acordo com os desígnios da metrópole[74].

As missões religiosas somente voltaram oficialmente ao Brasil no período imperial, já nos anos de 1840, mas com grande limitação dos poderes de influir nos destinos das populações indígenas, quando comparados tais poderes àqueles que dispunham os religiosos nos períodos anteriores à fase pombalina[75].

Não se pode, contudo, deixar de constatar, na prática, que a relação entre o colonizador e o índio no período esteve longe de uma busca efetiva de inclusão. Pelo contrário, o indígena continuou a ser marginalizado na sociedade colonial, como já ocorrido anteriormente e, também, nos períodos que se sucederam[76].

---

73 FREYRE, Gilberto, **Sobrados e mucambos**: decadência do patriarcado rural e desenvolvimento do urbano. 15. ed. São Paulo: Global, 2004, p. 131.

74 "A expulsão pombalina que visava, nominalmente, liberar os índios das missões jesuíticas, integrando-os como iguais e até com certos privilégios na comunidade colonial, representou enorme logro" (RIBEIRO, **O povo brasileiro**, cit., p. 94).

75 "Desde 1759, quando o marquês de Pombal havia expulsado os jesuítas, nenhum projeto ou voz dissonante se interpunha no debate: quando missionários são reintroduzidos no Brasil, na década de 1840, ficarão estritamente a serviço do Estado" (CUNHA, **Política indigenista no século XIX**, cit., p. 133).

76 "Com tudo isto, porém, não se pode evidentemente sobrestimar a sorte dos índios sob o novo regime. Continuaram, apesar das leis que procuravam equipará-los aos demais colonos, uma raça bastarda; e como tal,

Dentro daquela vontade estatal de assimilar o índio, a legislação que buscava garantir maior integração do elemento indígena à sociedade foi omissa na garantia de direitos básicos para a manutenção da existência das culturas nativas tal como então existentes, fato que, na prática, redundou em desassistência por parte do poder público e na extinção de diversos povos[77].

2.10 FIM DO PERÍODO COLONIAL, A BUSCA DA DOMESTICAÇÃO INDÍGENA E DE OCUPAÇÃO DE ÁREAS INDÍGENAS CONSIDERADAS ESTRATÉGICAS

O fim do período colonial, com a chegada da família real à colônia, foi marcado pelo agravamento de práticas violentas contra os grupos indígenas, sobretudo no intuito de removê-los de áreas consideradas estratégicas para a colonização. Exemplo disso foi a declaração de guerra feita pelo Rei D. João VI contra os indígenas da região de Guarapuava, atual estado do Paraná[78].

Relevante distinção dessa fase foi a prática de guerras ofensivas contra os indígenas, o que alterou o fundamento do conflito dos séculos anteriores. Antes, como regra geral, as guerras eram fundamentadas em um caráter defensivo, decorrentes de ataques prévios dos indígenas, ainda que na prática nem sempre aquela lógica fosse respeitada[79]. Já no fim do período colonial, por outro lado, tornou-se prática comum a ocorrência de várias declarações de "guerras justas" ofensivas por parte da Coroa, que foram responsáveis pela dizimação de vários povos e que tornou necessária para os grupos sobreviventes a mudança para áreas mais afastadas[80].

---

alvo do descaso e prepotência da raça dominadora" (PRADO JÚNIOR, *op. cit.*, p. 91).

77 *Ibid.*, p. 92.

78 CUNHA, **Índios no Brasil**, cit., p. 92; MOTA & NOVAK, **Os Kaingang do Vale do rio Ivaí**: história e relações interculturais, cit., p. 62-63.

79 CUNHA, **Política indigenista no século XIX**, cit., p. 136-137.

80 DALLARI, Terras indígenas: a luta judicial pelo direito. *In:* **Conflitos de**

Significante observação faz Manuela Carneiro da Cunha, ao apontar para a existência, no fim do período colonial, da utilização do sistema de justiça estatal por grupos indígenas ou terceiros preocupados com suas condições, sobretudo em razão da existência - embora com pouca eficácia - de normas que lhes resguardavam direitos básicos.

> De saída, a legislação indigenista já era a lei do mais forte, a lei do lobo sobre o cordeiro: mas como o lobo da fábula se via compelido a expor suas justas razões de comer o cordeiro, os mais fortes tinham também de proclamar sua razão e os mais fracos podiam invocar, por sua vez, as regras violadas. Há assim alguns casos conhecidos de índios que recorrem à Justiça[81].

A relevância daquela constatação anterior ganha maior evidência quando se observa, como se mostrará a seguir, que nos períodos que se seguiram, os povos indígenas tiveram seu poder de expressão perante os órgãos estatais praticamente anulado, sobretudo após a retomada, com maior intensidade, da política de aldeamento do índio não considerado como hostil sob subordinação a representantes do Estado[82].

A questão referente à garantia de seus direitos territoriais, ao fim do período colonial, não restou efetivamente resolvida, apesar da existência de normas expedidas pela Coroa já nos primeiros séculos de colonização e que reconheciam a necessidade de respeitar os direitos prévios, originários, do nativo. Pelo contrário, o período

---

direitos sobre as Terras Guarani Kaiowá no Estado do Mato Grosso do Sul. Conselho Indigenista Missionário Regional Mato Grosso do Sul, Comissão Pró Índio de São Paulo, Procuradoria Regional da República da 3ª Região (Org.). São Paulo: Palas Athena, 2000, p. 34.

81 CUNHA, **Índios no Brasil**, cit., p. 92-93.

82 Segundo Manuela Carneiro da Cunha, o botocudo "não só é um índio vivo, mas é aquele contra quem se guerreia por excelência nas primeiras décadas do século: sua reputação é de indomável ferocidade" (CUNHA, **Política indigenista no século XIX**, cit., p. 136).

ficou marcado por uma ausência de clareza em relação ao *status* indígena, ante o silêncio do Estado e do avanço das frentes colonizadoras[83]. Nas palavras de Carlos Frederico Marés de Souza Filho:

> O Estado colonial deixou como herança ao Estado Nacional brasileiro nascente, um silêncio piedoso sobre os povos indígenas, um punhado de escravos, uma situação de direitos confusa e uma estrutura fundiária tão ultrapassada quanto injusta[84].

A confusão legislativa e a passividade na proteção dos direitos do nativo, que marcaram o fim do período colonial, foram determinantes para as precárias condições em que ingressam aqueles no período imperial e nas fases que se seguiram, até o presente momento[85].

---

83 GUIMARAES, Alberto Passos. **A crise agrária.** 3. ed. Paz e Terra. Rio de Janeiro: 1982, p. 298.

84 SOUZA FILHO, Carlos Frederico Marés de. **O renascer dos povos indígenas para o direito.** Curitiba: Juruá, 2008, p. 56.

85 Acerca da contradição da legislação colonial em relação à liberdade dos índios, afirma Perrone-Moisés: "Tomada em conjunto, a legislação indigenista é tradicionalmente considerada como contraditória e oscilante por declarar a liberdade com restrições do cativeiro a alguns casos determinados, abolir totalmente tais casos legais de cativeiro (nas três grandes leis de liberdade absoluta: 1609, 1680 e 1755), e em seguida restaurá-los" (PERRONE-MOISÉS, *op. cit.*, p. 117).

3

BRASIL IMPÉRIO

As informações acerca da política indigenista no período imperial têm sido consideradas parcas e em sua maioria são relativas a aspectos regionalizados e não ao conjunto do Império[86]. De tal modo, dificulta-se, em grande medida, uma análise global e sistematizada da política indigenista no país à época.

De acordo com estimativas apresentadas por Marta Maria Azevedo, a população indígena à época do início do período imperial já havia sofrido grande declínio em razão da ação direta do colonizador nos séculos anteriores e é estimada em torno de 360 mil indivíduos[87].

O período de formação do Estado brasileiro – que, aliás, coincide com a formação dos Estados da América Latina, em geral

---

[86] Adverte Manuela Carneiro da Cunha que: "Estudos sobre a questão indígena e a política indigenista no século XIX que ultrapassem fronteiras regionais são escassos: [...]" (CUNHA, **Política indigenista no século XIX**, cit., p. 153).

[87] AZEVEDO, Marta Maria, *op. cit.*, p. 23.

– trouxe poucos reflexos positivos aos povos indígenas[88] e, pelo contrário, foi marcado pela negativa de direitos àqueles povos, pois relegou o indígena à condição de invisibilidade[89], não obstante sua relevância estratégica no período, inclusive na participação de guerras ao lado do Estado em formação[90].

Naquele momento ainda era comum a violação das garantias elementares relativas à condição de humanidade da população indígena e, ademais, submissão a situações de escravidão e espoliação eram prática corrente em todo o Estado nascente, até mesmo na corte imperial[91].

O período foi de transformações na economia, sobretudo em decorrência da predominância que passou a ter a produção do café como principal atividade econômica no país. Há, também, uma mudança na organização espacial, com a exploração e a interiorização da ocupação territorial em função da busca de novas áreas de exploração[92].

Por outro lado, a época é marcada pela manutenção dos privilégios de pequena parcela da população, e nesse sentido, os grandes fazendeiros, grupo que se destacou como principal detentor do

88 "A proclamação da independência brasileira pouco adiantou aos índios, continuando a existir a ambiguidade legislativa, favorável às invasões das terras indígenas e às violências contra a pessoa do índio e suas comunidades" (DALLARI, **Terras indígenas**: a luta judicial pelo direito, cit., p. 34).

89 "Os Estados latino-americanos, ao se constituírem, esqueceram seus povos indígenas" (SOUZA FILHO, **O renascer dos povos indígenas para o direito**, cit., p. 61).

90 "Quanto aos Kadiwéu ou Guaikuru, foram, em 1830, armados pelos habitantes e auxiliados pela tropa para roubarem gado no Paraguai. Algumas décadas mais tarde, sua participação inicial em apoio aos brasileiros na Guerra do Paraguai valeu-lhes a demarcação de terras por ordem de d. Pedro II" (CUNHA, **Índios no Brasil**, cit., p. 91).

91 "[...] até na corte se encontravam escravos índios até pelo menos 1850!" (CUNHA, **Índios no Brasil**, cit., p. 83).

92 CUNHA, *op. cit.*, p. 56.

poderio econômico, passou a exercer grande influência também na esfera do poder político[93].

Também caracterizou o período imperial uma tentativa de se afastar do então presente sentimento de atraso social e institucional que marcava a elite do Brasil até aquele momento, de um modo geral. Assim, buscou-se inserir no novo Estado valores e institutos consolidados na Europa, ao mesmo tempo em que se buscou silenciar sobre questões locais e peculiares. Foi nesse contexto que ocorreu, já no seu nascedouro, a opção por não fazer qualquer referência às populações indígenas existentes no país - e que correspondia a cerca de 10% do total aqui existente[94] - na Constituição outorgada em 1824[95].

As Assembleias Provinciais exerceram central papel nas prejudiciais políticas adotadas em relação à população indígena no Império. Em meados do século XIX passam a ter competência legislativa, concorrente com o governo central, sobre as populações indígenas. A partir daí é possível constatar a ação nociva aos direitos indígenas em várias províncias, inclusive sobre suas áreas de ocupação[96].

Destacou-se nas primeiras décadas do Império, como principal documento geral voltado às populações indígenas no território,

93 *Ibid.*, p. 56. De acordo com Boaventura de Sousa Santos: "No caso do Brasil, teve lugar uma das independências mais conservadoras e oligárquicas do continente Latino-Americano e a única sob a forma de monarquia. Com ela estavam criadas as condições para ao colonialismo externo suceder o colonialismo interno, para ao poder colonial suceder a colonialidade do poder" (SANTOS, Boaventura de Sousa. **A gramática do tempo**: para uma nova cultura política. 3. ed. São Paulo. Cortez, 2010, p. 248).

94 AZEVEDO, Marta Maria, *op. cit.*, p. 24.

95 "Dissolvida a Constituinte por d. Pedro I, a carta outorgada, nossa primeira Constituição, nem sequer menciona a existência de índios" (CUNHA, **Índios no Brasil**, cit., p. 67).

Cf. FREYRE, Gilberto. Ordem e progresso. Processo de desintegração das sociedades patriarcal e semipatriarcal no Brasil sob o regime de trabalho livre; aspectos de um quase meio século de transição do trabalho escravo para o trabalho livre; e da monarquia para a república. 6. ed. rev. São Paulo: Global, 2004, p. 298.

96 CUNHA, **Índios no Brasil**, *cit.*, p. 64-65.

o chamado "Regulamento das Missões", de julho de 1845[97]. A aprovação do referido documento teve inestimável impacto na intervenção exercida sobre aqueles grupos, na administração das aldeias e no controle sobre sua movimentação – ao impor a localização de aldeias em locais convenientes à administração, remoção de grupos para outras aldeias e limitação do livre trânsito do índio sobre o território – com a ajuda fundamental de Missões religiosas[98].

Nesse momento, houve, em certo sentido, uma tendência de continuidade da política pombalina de integração do índio na sociedade nacional[99], com incentivo à miscigenação com o restante da sociedade majoritária[100]. Referida estratégia da miscigenação contribuía para a resolução de duas questões fundamentais no período: o aumento da população nacional e a possibilidade de avanço sobre áreas anteriormente ocupadas por povos indígenas.

Curiosamente, em que pese a tentativa de levar a cabo o processo de integração, houve uma tentativa de valorização, no imaginário popular – impulsionado pela produção literária da época –, da figura do índio como elemento representante da população nacional[101]. Nessa perspectiva, em comparação com o negro escravo,

---

97 "O Regulamento das Missões, promulgado em 1845, é o único documento indigenista geral do Império" (*Ibid.*, p. 68).

98 *Ibid.*, p. 70.

99 Por "sociedade nacional" quer-se referir, no presente texto, à sociedade majoritária, inserida na lógica civilista de organização, em contraposição às sociedades minoritárias, das quais as indígenas fazem parte.

100 CUNHA, **Política indigenista no século XIX**, cit., p. 137.

101 "É de amplo conhecimento que a pretensão a uma continuidade genealógica com os indígenas foi o mecanismo simbólico de maior força nos anos que se seguiram à Independência. O índio passou a representar o Brasil como um todo e a população brasileira passou a enfatizar raízes – sobretudo imaginárias – indígenas. Nas caricaturas da primeira metade do século XIX, nos monumentos públicos celebrando a Independência, era o índio que simbolizava a nova nação" (CUNHA, **Negros, estrangeiros**: os escravos libertos e sua volta à África, cit., p. 107). Reforçando o processo de idealização indígena dentro da construção da ideia de nação brasileira, possuiu grande influência

o índio gozava de uma situação favorável dentro da sociedade em formação[102].

Há que se registrar que o período imperial experimentou uma tentativa de "romantização" do índio, do bom selvagem, sobretudo na literatura[103]. No entanto, o fato não foi suficiente para que fossem criadas condições de sua manutenção cultural; pelo contrário, a romantização teve grande impacto na adoção, por parte do Estado, de projetos de assimilação do indígena à sociedade majoritária[104].

Manuela Carneiro da Cunha consegue traduzir de forma concisa a lógica da tensão e o paradoxo existente entre a condição do indígena na prática ao mesmo tempo em que se disseminava a exaltação da figura indígena nos discursos:

> Há, portanto, dois índios totalmente diferentes no século XIX: o bom índio Tupi-Guarani (convencionalmente, um índio morto) que é símbolo da nacionalidade, e um índio vivo que é objeto de uma ciência incipiente, a antropologia[105].

---

na vida historiográfica do Brasil a obra monográfica de Karl F. von Martius, escrita em 1845, sob o título: Como se deve escrever a história do Brasil. **Revista Trimensal de História e Geografia ou Jornal do Instituto Histórico e Geográfico Brasileiro**, n. 24, jan. 1845, t. 6, p. 381-403. Disponível em: <http://www.jstor.org/stable/20137096>. Acesso em: 10 abr. 2017.

102 CUNHA, *id.*, p. 110.

103 De acordo com Alfredo Bosi, no período pós-colonial, o papel que a figura do índio assume no imaginário literário é sintomático do papel que era esperado dele na sociedade nacional: "O índio de Alencar entra em íntima comunhão com o colonizador. Peri é, literal e voluntariamente, escravo de Ceci, a quem venera como sua *Iara*, 'senhora', e vassalo fidelíssimo de dom Antônio" (BOSI, *op. cit.*, p. 177).

104 DANTAS, Fernando Antônio de Carvalho. **As sociedades indígenas no Brasil e seus sistemas simbólicos de representação: os direitos de ser.** *In:* SILVA, Letícia Borges e Oliveira, Paulo Celso da. Socioambientalismo: uma realidade. Juruá. 2007, p. 91/92; BOSI, *op. cit.*, p. 179.

105 CUNHA, **História dos índios no Brasil**, p. 20.

A garantia dos direitos territoriais em relação às terras ocupadas por povos indígenas até 1845, período da aprovação do Regulamento das Missões – a legislação referente aos aldeamentos indígenas –, não é sistematizada e é decorrência, sobretudo, de interesses do Império sobre a política agrária[106].

Na realidade, a questão da presença indígena nas primeiras décadas do Império passava, de forma mais aguda do que no período anterior, a entrar em choque com a preocupação agrária do Estado, com a ideia da necessidade de interiorização e exploração de novas áreas, sobretudo para a potencialização da produção de café[107].

A ausência de missionários no período que se seguiu à era pombalina, até meados do século XIX, já na fase imperial, fez com que a violação dos direitos indígenas se tornasse prática mais corriqueira e não contestada. Foi particularmente grave a retirada dos indígenas das terras tradicionalmente por eles ocupadas[108].

Durante o período do Império o problema do acesso à terra se agudizou e permitiu grande concentração de extensas áreas em mãos de poucos titulares. A política posta em prática pelo Estado teve claros reflexos sobre as populações indígenas e foi determinante na extinção ou na drástica redução de indivíduos em vários povos[109].

---

106 "A legislação indigenista do século XIX, sobretudo até 1845, é flutuante, pontual e, como era de esperar, em larga medida subsidiária de uma política de terras" (*Id*, **Índios no Brasil**, p. 65). "A apropriação da terra em largas porções, transformando um deserto no domínio de uma rala população, fez proliferar o dependente agrícola, o colono de terras aforadas e arrendadas. Criou, também, uma classe de posseiros sem títulos, legitimados, em 1822, com a qualidade de proprietários, com medida (Resolução de 17 de julho de 1822) que anulou o regime de sesmarias. A evolução do instituto chegou ao fim de concessão administrativa ao domínio, do domínio à posse, até o novo estatuto promulgado em 1850, que consagrou o sistema da compra de terras devolutas" (FAORO, *op. cit.*, p. 151).

107 CUNHA, **Política indigenista no século XIX**, p. 133.

108 Id., **História dos índios no Brasil**, p. 16.

109 "Em vez de buscar a 'democracia agrária' sonhada por Nabuco e Rebouças, o Brasil fez uma reforma agrária às avessas, concentrando ainda mais a terra

3.1 ALDEAMENTOS NO IMPÉRIO

A política de aldeamento, retomada sobre novos alicerces durante o período imperial, teve como principal objetivo a concentração de indígenas em locais determinados. Os aldeamentos puseram, assim, indígenas e, consequentemente, seus bens territoriais sob uma espécie de tutela[110]. Nesse sentido, restou permitida a transferência em favor de administradores locais dos aldeamentos da incumbência de arrendar e sugerir a redução de territórios em nome dos indígenas[111].

Os aldeamentos no Império continuaram existentes, de acordo com a tradição instaurada desde a colônia no período pombalino[112], e tiveram importante incremento com o surgimento, em julho de 1845, do decreto imperial que regulamentava as "Missões de catequese, e civilização dos Índios", e que estabeleceu uma estrutura administrativa de gestão das aldeias nas províncias – estrutura que era

nas mãos de poucos proprietários" (GOMES, Laurentino. **1889**: como um imperador cansado, um marechal vaidoso e um professor injustiçado contribuíram para o fim da monarquia e a proclamação da República no Brasil. São Paulo: Globo, 2013, p. 80).

110 Importante registro de João Mendes Júnior sobre a tentativa da legislação de tratar o índio como uma espécie de órfão, sujeito à proteção estatal: "Passemos, porém, ao exame da legislação posterior à nossa independência. O ato mais importante é a Lei de 27 de outubro de 1831, revogando as Cartas Régias de 1808, abolindo a servidão dos índios, e os considerando como órfãos para serem-lhes aplicadas as cautelas protetoras a que se refere a Ord. L. I., tit. 88" (MENDES JR., *op. cit.*, p. 52). Cf. também, CUNHA, **Política indigenista no século XIX**, cit., p. 146-147.

111 "Os índios são reputados incapazes da administração de seus bens (...). Por isso o Estado vela sobre os bens dos índios e principalmente sobre as terras dos aldeamentos, incumbindo a princípio os ouvidores das comarcas (até 1832) e transitoriamente os juízes de órfãos (a partir de 1833) da administração dos bens das aldeias, e em particular dos arrendamentos das terras das aldeias (18/10/1833 e 13/8/1834), cujos benefícios devem reverter aos índios (18/10/1833), embora nem sempre assim ocorra (16/11/1833)" (CUNHA, *op. cit.*, p. 147). Cf., também, sobre o assunto, MENDES JR., *op. cit.*, p. 54.

112 CUNHA, *op. cit.*, p. 145.

organizada em Diretor-Geral, Diretores das Aldeias, Missionários, oficiais etc. –, com poderes delegados pelo Imperador.

Os aldeamentos eram instalados de acordo com as conveniências políticas e econômicas as mais diversas, e tinham como finalidade a tentativa de agrupar índios e liberar grandes faixas de terras anteriormente ocupadas por eles[113]. Nesse contexto, a criação dos aldeamentos sob a administração de representantes do Estado facilitou a supressão de territórios e o reagrupamento de aldeias diversas, em afinidade com interesses políticos[114].

Na política dos aldeamentos, destacou-se a figura dos Diretores-Gerais dos Índios, que tinham o poder de atestar territórios como abandonados pelos indígenas e propor ao governo novas finalidades à área. Além disso, o Regulamento das Missões transferia aos diretores-gerais o poder de representação, como procuradores dos indígenas.

Por outro lado, tendo em vista que a indicação para os cargos de diretores-gerais obedecia a interesses políticos e era feita pelo Imperador, o alinhamento prejudicou a defesa de direitos indígenas e foi determinante para a geração de vários prejuízos sofridos pelos povos indígenas[115].

[113] *Ibid.*, p. 144.

[114] "Inúmeros atos posteriores do governo imperial mandaram extinguir os aldeamentos indígenas e vender suas respectivas terras ou dar-lhes outro destino (ordem no. 44, de 21 de julho de 1858, aviso de 27 de setembro de 1860, decreto no. 2.672, de outubro de 1875 etc.)" (SILVA, Ligia Osorio. **Terras devolutas e latifúndio**: efeitos da lei de 1850. 2. ed. Campinas. Editora da Unicamp: 2008, p. 186). Vide, ainda, AMOROSO, Marta. R. Descontinuidades indigenistas e espaços vividos dos Guarani. **Revista de Antropologia,** v. 58, 2015, p. 113 e CUNHA, **Política indigenista no século XIX**, cit., p. 143-144.

[115] "[...] não se conhecem processos em defesa dos direitos indígenas após 1845, quando os diretores das aldeias passam a exercer a função de procuradores dos índios" (CUNHA, *op. cit.*, p. 153). Ressalva João Mendes Júnior que o Regulamento, ao menos no âmbito legal, impunha uma garantia mínima de autonomia dos povos indígenas inseridas dentro dos aldeamentos: "[....] todavia, não foi terminantemente negada a autonomia das tribos e o

A organização em aldeias permitiu, posteriormente, a divisão de territórios - originalmente destinados aos indígenas - com outros grupos, como colonizadores estrangeiros, como informa Marta Amoroso:

> [...] o programa de estímulo à convivência de índios e colonos nacionais ou estrangeiros constava da legislação específica que regulamentou os aldeamentos indígenas do Império, o decreto de Catequese e Civilização dos índios. Para a região sudeste, como consta no aviso de 5 de janeiro de 1865, do Ministério da Agricultura (Boutin, 1977), encontramos a permissão para a repartição das terras dos aldeamentos indígenas para colonos e a sua distribuição gratuita, tendo em vista a ocupação efetiva dos terrenos por agricultores. Os aldeamentos indígenas passaram a constituir para a posteridade uma das ações bem-sucedidas do estímulo à miscigenação da população indígena e da aposta na imigração como o meio de integração de vastas áreas dos indígenas para atividades econômicas e comerciais[116].

Assim, os aldeamentos, sob a égide do decreto de 1845, trouxeram como consequência a diminuição dos direitos indígenas e forçou, progressivamente, sua integração à sociedade nacional, sobretudo com a disponibilização de mão de obra ao trabalho livre e terras[117].

---

próprio dec. n. 246 de 24 de julho de 1845, regulando as missões de catequese e civilização, manda, no art. 2°, § 5°, que mesmo nas aldeias, isto é, mesmo nas aldeias de *índios civilizados*, o diretor 'irá de acordo, quanto ser possa, com o *maioral* dos mesmos índios'" (MENDES JR., *op. cit.*, p. 43).

116 AMOROSO, *op. cit.*, p. 107.

117 Para Marta Amoroso: "[...] se a inspiração para o formato dos aldeamentos indígenas do século XIX foi jesuítica e a orientação foi pombalina - a favor da mistura dos índios com os demais habitantes -, a vocação dos aldeamentos da Catequese e Civilização era a de conseguir que os índios se apresentassem em pouco tempo como trabalhadores livres pobres e alvos da filantropia cristã" (*Ibid.*, p. 113).

Em função da severa restrição que os aldeamentos representavam aos direitos e costumes dos índios aldeados – redução das terras, da liberdade de transição e de cultivo –, esses grupos indígenas passaram a depender, sobremaneira, da administração dos aldeamentos, para o fornecimento de alimentos, vestuário ou assistência à saúde[118].

Os indígenas, dada a sua vulnerabilidade, no período posterior ao surgimento do Estatuto das Missões, estiveram sujeitos a variados usos externos, alheios à sua vontade, como no fornecimento de mão de obra na construção de instalações militares[119], dentre outros.

A conveniência de assentamento das populações indígenas em aldeamentos foi reiterada na chamada Lei de Terras, Lei 601, de 1850. A lei impôs ao Estado a destinação das terras consideradas como devolutas em favor daquela finalidade. Entretanto, tal determinação legislativa foi objeto de violações reiteradas, na prática[120]. A atuação desvirtuada das autoridades públicas competentes foi determinante na burla da aplicação da Lei de Terras, sobretudo ao negar a existência de populações indígenas em determinados territórios, de modo a permitir a malversação de terras ocupadas tradicionalmente pelos indígenas em favor de outros objetivos[121].

---

118 CUNHA, **Política indigenista no século XIX**, cit., p. 149.

119 "Outro uso frequente dos índios era, [...], o apoio a instalações militares e nas novas rotas comerciais entre as várias províncias. Nessas rotas estabeleciam-se aldeias das quais se esperava que abrissem e mantivessem estradas, fornecessem canoeiros, fizessem lavouras capazes de abastecer os viajantes, e servissem em geral de apoio e de mão de obra. São fundadas, por exemplo, oito colônias indígenas para facilitar a navegação na bacia dos rios Paraná e Paranapanema (31/1/1849 e 25/4/1857) e outras para a rota de São Paulo a Mato Grosso (21/5/1850)" (*Ibid.*, p. 151). No mesmo sentido, da mesma autora, cf.: CUNHA, **Índios no Brasil**, cit., p. 91.

120 MENDES JR, *op. cit.*, p. 56; CUNHA, **Política indigenista no século XIX**, cit., p. 145.

121 "O Ceará é a primeira província a negar a existência de índios identificáveis nas aldeias e a querer se apoderar das suas terras (21/10/1850)" (CUNHA, *op. cit.*, p. 145).

Digno de nota o fato de que o Regulamento das Missões delegava aos missionários religiosos papel dentro da administração das aldeias, tal como o de prestação de informações às autoridades acerca das reais condições do aldeado e da necessidade de adoção de medidas em seu favor. Na prática, os missionários tiveram uma atuação pífia em relação à defesa dos direitos indígenas no período, quando não flagrantemente em desfavor de seus interesses e necessidades[122].

Cumpre observar, como faz Manuela Carneiro da Cunha, que a participação dos missionários na administração das aldeias foi muito maior, no período imperial, do que se pode presumir a partir do Regulamento das Missões, que tinha uma intenção de conferir um caráter laico àquela gestão. Segundo a autora, foram corriqueiras as situações em que os missionários assumiam, de forma cumulativa àquelas atribuições de caráter religioso na aldeia, a de direção dos índios[123].

122 "No papel de procuradores dos índios, os missionários praticaram a distribuição de terras para a gente 'morigerada e trabalhadora', os colonos cristãos. Não se considerava conveniente na maioria dos casos a demarcação das terras devolutas para os índios. Quando cobrados das autoridades quanto à necessidade de se prever terras demarcadas para os índios, os missionários reagiam pela negativa. Alegavam que os índios dos aldeamentos não eram exatamente 'autóctones', haviam sido conduzidos pelas autoridades para ocuparem os terrenos dos aldeamentos, ou afirmavam que os índios se constituíam em tribos nômades, o que dificultava uma política de demarcação de suas terras. Para ilustrar o primeiro ponto, frei Timotheo de Castelnuovo lembrava o caso dos Guarani-Kaiowá de São Pedro de Alcântara, que haviam sido conduzidos do Mato Grosso para o Paraná pelos homens do barão de Antonina" (AMOROSO, *op. cit.*, p. 118-119).

123 "A solução pela qual o Império finalmente opta no chamado Regulamento das Missões é nominalmente a da administração leiga; no entanto, olhando-se com mais cuidado, esta solução é ambígua. Por uma parte, embora o missionário apareça no Regulamento apenas como um assistente religioso e educacional do administrador, de fato, talvez pela carência de diretores de índios minimamente probos, é frequentíssima a situação de missionários que exercem cumulativamente os cargos de diretores de índios. Já o faziam antes do Regulamento, e seguem fazendo-o depois; [...] na fundação das

A diretriz de atuação empregada por grande parte das missões religiosas nos aldeamentos tinha como pressuposto básico a necessidade de aproximação dos povos indígenas à cultura dos cristãos. Nesse sentido, afirma Marta Amoroso:

> A interpretação capuchinha para o lugar do colono no programa de Catequese e Civilização dos índios era a de que a catequese dos índios dependia do exemplo edificante que se oferecia por meio da proximidade de colonos cristãos[124].

Embora não tenha sido o desiderato explícito do Regulamento das Missões e demais legislações que tratavam dos aldeamentos a extinção dos povos indígenas e a tomada de suas terras pelo Estado, na prática, aquela política teve papel fundamental na manutenção do histórico processo de retirada de direitos territoriais e na marginalização social daqueles grupos[125].

3.2 LEI DE TERRAS

A Lei 601, de 1850, a chamada Lei de Terras, dispunha, dentre outras coisas, sobre as terras devolutas no Império, bem como a forma de sua transferência ao patrimônio de particulares[126]. A lei

---

oito colônias agrícolas indígenas do Paraná e Mato Grosso (25/4/1857), os missionários eram ao mesmo tempo diretores" (CUNHA, **Política indigenista no século XIX**, cit., p. 140).

124 AMOROSO, *op. cit.*, p. 119.

125 "Mencionamos, no início, o hiato que se sabe existir ente a lei e o real. De saída, a legislação indigenista já era a lei do mais forte, a lei do lobo sobre o cordeiro; mas como o lobo da fábula se via compelido a expor suas justas razões de comer o cordeiro, os mais fortes tinham também de proclamar sua razão e os mais fracos podiam invocar, por sua vez, as regras violadas. Há assim alguns casos conhecidos de índios que recorrem à Justiça" (CUNHA, **Política indigenista no século XIX**, cit., p. 152).

126 Nas palavras de Carlos Frederico Marés de Souza Filho: "tratava da transferência das terras devolutas para o patrimônio privado, reconhecendo o direito de quem havia adquirido terras por sesmarias" (SOUZA FILHO, **O renascer dos povos indígenas para o direito**, cit., p. 125). Cf. SILVA, Ligia Osorio, *op. cit.*, p. 15.

tratava da impossibilidade geral de aquisição de terras devolutas de outra forma que não fosse pela compra e apontava como punição ao seu descumprimento o despejo do possuidor ilegal, sem qualquer direito a indenização, bem como a aplicação de outras penalidades, como multas[127].

Essa legislação representou a busca de enquadrar a terra no Brasil dentro do conceito de propriedade, de acordo com a construção desse instituto pelo civilismo europeu[128]. Nesse sentido, a terra seria passível de ser comprada, vendida, negociada como um bem particular. Nesse ponto, vale lembrar que as sesmarias existentes no regime colonial eram, em última instância, pertencentes ao reino, e consistiam numa espécie de concessão e, portanto, não eram pertencentes a particulares[129].

Em relação aos povos indígenas, a Lei de Terras trouxe como aspecto positivo a proteção, de forma implícita, dos direitos territoriais sobre as áreas de sua costumeira ocupação[130]. Reconhece a lei que a origem do direito indígena às suas terras era anterior ao do próprio Estado e, dessa forma, não eram terras devolutas, razão pela qual não necessitavam de qualquer legitimação estatal[131].

---

127 BERNARDO, **O problema do acesso à terra no estado multicultural, cit.**, p. 42.

128 Cf. BERNARDO, Leandro Ferreira. A aprovação da PEC do trabalho escravo e a flexibilização do direito de propriedade no Brasil. **Revista da AGU**, Brasília: EAGU, v. 14, 2015, p. 123-146.

Necessário apontar que o conceito e os limites do direito de propriedade privada não são atemporais. Pelo contrário, têm passado por diversas transformações, em especial a partir do surgimento do Estado moderno e o desenvolvimento do capitalismo na Europa, nos últimos séculos. Cf., também, GOMES, Orlando, *op. cit.*, p. 19-20.

129 BERNARDO, **O problema do acesso à terra no estado multicultural**, cit., p. 43.

130 SOUZA FILHO, **O renascer dos povos indígenas para o direito**, cit., p. 88.

131 Dispõe o art. 5º da referida Lei: "*Art. 5º Serão legitimadas as posses mansas e pacificas, adquiridas por occupação primaria, ou havidas do primeiro ocupante, que se acharem cultivadas, ou com princípio de cultura, e*

Contudo, na prática, a aplicação da Lei de Terras possibilitou, segundo Manuela Carneiro da Cunha, a perpetração de "uma política agressiva em relação às terras das aldeias"[132]. De acordo com a mesma autora, "[...] um mês após sua promulgação, uma decisão do Império manda incorporar aos Próprios Nacionais as terras de aldeias de índios que 'vivem dispersos e confundidos na massa da população civilizada'"[133].

De um lado, o Regulamento das Missões havia criado uma burocratização na administração, o engessamento no tamanho das terras indígenas e a presença de colonos não indígenas na área. De outro, a Lei de Terras permitiu ao poder público um avanço sobre terras titularizadas pelos indígenas e a cisão de áreas em favor de colonos ou mesmo terceiros[134].

A Lei de Terras significou, também, a transferência de poderes territoriais em favor de províncias e Câmaras municipais, fator que somente concorreu para a redução e extinção de áreas sabidamente ocupadas por populações indígenas em favor de grupos poderosos no âmbito local ou regional[135].

---

morada, habitual do respectivo posseiro, ou de quem o represente, guardadas as regras seguintes: [...]". Acerca do indigenato, a partir da vigência da Lei de Terras, afirma João Mendes Cunha: "Mas, nas demandas entre posseiros e indígenas aldeados, se tem pretendido exigir que estes exibam os registros de suas posses. Parece-nos, entretanto, que outra é a solução jurídica: Desde que os índios já estavam aldeados com cultura e morada habitual, essas terras por eles ocupadas, se já não fossem deles, também não poderiam ser de posteriores posseiros, visto que estariam devolutas; em qualquer hipótese, suas terras lhes pertenciam em virtude do direito à reserva, fundado no Alvará de 1 de Abril de 1680, que já foi revogado, direito este que jamais poderá ser confundido com uma posse sujeita à legitimação e registro" (MENDES JR., *op. cit.*, p. 57). Cf. CUNHA, **Política indigenista no século XIX**, cit., p. 141-145.

132 CUNHA, **Índios no Brasil**, cit., p. 79.

133 *Ibid.*, p. 79. Vide, também, CUNHA, **Política indigenista no século XIX**, cit., p. 145.

134 SILVA, Ligia Osorio. **Terras devolutas e latifúndio**, cit., p. 186.

Cumpre lembrar que os objetivos iniciais da Lei de Terras, sobretudo o de fomentar a ocupação de terras devolutas para fins de colonização, acabaram fracassando e o uso irregular da legislação permitiu a obtenção fraudulenta de terras públicas em todo o país, como a grilagem de terras[136]. As terras indígenas, da mesma forma, foram objeto de toda sorte de apropriação irregular no período.

3.3 FIM DO IMPÉRIO E DIREITOS TERRITORIAIS INDÍGENAS

As últimas décadas de existência do regime imperial coincidiu com um período de grande transformação do mundo ocidental, sobretudo em função do desenvolvimento do cientificismo filosófico. No campo biológico, ganhou projeção a teoria darwinista da evolução das espécies, teoria essa que se refletiu no desenvolvimento de outras que propugnavam a existência de um evolucionismo social.

---

135 "Mas esse entendimento é rapidamente esquecido e nas décadas seguintes distribuir-se-ão, quando muito, lotes aos índios. A controvérsia relativa aos diretos sobre as terras das aldeias extintas excluirá, portanto, os índios e travar-se-á entre municípios, províncias e Império. Durante algum tempo, parece prevalecer o entendimento de que se trata de terras devolutas do Império (aviso 160 de 21/7/1856; Aviso 131 de 7/12/1858; ver também 18/11/1867). Em 1858 e 1862, por exemplo, declara-se expressamente que devem ser considerados nulos quaisquer aforamentos dessas terras feitos pelas Câmaras Municipais (7/12/1858; 19/5/1862). Aos poucos, porém, o poder local ganha terreno: a partir de 1875, as Câmaras Municipais passam a poder vender aos foreiros as terras das aldeias extintas, e a poder 'usá-las para fundação de vilas, povoações, ou mesmo logradouros públicos' (Decreto 2672 de 20/10/1875). Em 1887, as terras das aldeias extintas revertem ao domínio das províncias e as Câmaras Municipais passam a poder aforá-las (Lei 3.348 de 20/10/1887, art. 8, par. 3, 12/12/1887 e 4/4/1888)" (CUNHA, *op. cit.*, p. 145).

136 Paulo Machado afirma: "[...] setores significativos destas elites proprietárias, por meio de fraudes, grilagem e açambarcamento privado de terras públicas, acabavam por modificar os objetivos iniciais da legislação de terras" (MACHADO, Paulo. **Lideranças do contestado**: a formação e a atuação das chefias caboclas (1912-1916). Campinas: Editora da Unicamp, 2004, p. 138).

Nesse ambiente, os indígenas, assim como outros grupos ou sociedades que não comungavam dos valores e conhecimentos ocidentais, passaram a ser tidos, sob a perspectiva eurocêntrica, como indivíduos em estágio inicial da evolução, visão que tinha como ápice, basicamente, a sociedade europeia. Em grande medida influenciados por essa perspectiva e sob tal embasamento teórico, novas políticas assimilacionistas foram colocadas em prática pelo poder público. A consequência direta foi a de que os indígenas passaram a ser objeto de novas intervenções prejudiciais[137].

As incertezas geradas pela má aplicação da Lei de Terras em relação às terras indígenas acabaram sendo agravadas por ocasião do surgimento do regime republicano e com a aprovação da Constituição da República, em 1891, que acabaram por chancelar as violações até então ocorridas sobre os territórios indígenas. Segundo Manuela Carneiro da Cunha:

> Ao ser proclamada a República, a Constituição de 1891 ratificará esse estado de coisas, atribuindo aos estados as terras que eram das províncias. Trata-se no entanto especificamente das terras das aldeias extintas e não das terras das aldeias em geral. Estas jamais foram declaradas devolutas[138].

[137] Afirma João Mendes Júnior, acerca da situação indígena no século XIX, após a colocação em prática das políticas de aldeamento de comunidades indígenas: "Em suma, já não puderam ser considerados nações, porque os aldeados se amalgamaram, pelos cruzamentos, na *nação brasileira*, e os *não aldeados* foram considerados cidadãos brasileiros, desde que como tais, na forma do art. 6º da Constituição do Império, foram declarados 'todos os que no Brasil tiverem nascido'" (MENDES JR., *op. cit.*, p. 47). Cf. CUNHA, **Política indigenista no século XIX**, cit., p. 135.

[138] CUNHA, *op. cit.*, p. 146.

4

BRASIL REPÚBLICA

Nas primeiras décadas do período republicano continuou a ocorrer a redução da população indígena existente no país, em comparação com aquela existente no início do Império. Assim, de cerca de 360 mil possivelmente existentes por volta de 1825, ter-se-ia chegado, algumas décadas após o início da fase republicana, a cerca de 200 mil em 1940[139].

A Constituição de 1891 repetiu o exemplo de sua antecessora de ausência de previsão acerca dos direitos indígenas em seu texto[140].

---

139 AZEVEDO, Marta Maria. **Diagnóstico da população indígena no Brasil**, cit., p. 19.

140 SOUZA FILHO, **O renascer dos povos indígenas para o direito**, cit., p. 88. Sobre a preocupação com a questão indígena no início da República, aponta Ligia Osório Silva: "Esse desinteresse da República pela sorte dos índios pode ser notado desde a fase de reorganização política e social do Estado. Na Constituinte de 1891, o *Apostolado Positivista do Brasil* foi a única voz que se levantou em defesa das populações indígenas, propondo o reconhecimento dos 'Estados Brasileiros Americanos', nos quais os índios seriam amparados pela proteção do governo federal e plenamente respeitados na posse de seus territórios" (SILVA, Ligia Osorio. **Terras devolutas e latifúndio**, cit., p. 324).

Manteve a lógica de negação da realidade de parcela considerável da população em nível constitucional – prática que somente foi alterada com a Constituição de 1934[141].

A adoção no Brasil do modelo republicano se deu de forma artificial, com a absorção de valores em voga na Europa e nos Estados Unidos, mas que pouco se relacionava com a realidade local ou com as reivindicações da sociedade. Nesse sentido se deu, por exemplo, com a recepção do positivismo – teoria com grande influência em importantes círculos do meio militar, que exerceu papel central na queda do Império e no surgimento da República[142].

Acerca do artificialismo dos valores vigentes no novo regime, afirmou Euclides da Cunha que "somos o único caso histórico de uma nacionalidade feita por uma teoria política. Vimos, de um salto, da homogeneidade da colônia para o regime constitucional: dos alvarás para as leis"[143]. A transição de regime escancarou, ademais, a ausência da participação do povo[144].

---

141 MENDES JR., *op. cit.*, p. 67.

142 "[...] ao entrarmos de improviso na órbita dos nossos destinos, fizemo-lo com um único equilíbrio possível naquela quadra: o equilíbrio dinâmico entre as aspirações populares e as tradições dinásticas. Somente estas, mais tarde, permitiriam que entre os 'Exaltados', utopistas avantajando-se demasiado para o futuro até entestarem com a República prematura, e os 'Revolucionários', absolutistas em recuos excessivos para o passado, repontasse o influxo conservador dos 'Moderados', ou liberais-monarquistas da Regência, o que equivalia à conciliação entre o Progresso e a Ordem, ainda não formulada em axioma pelo mais robusto pensador do século" (CUNHA, Euclides da. **À margem da história.** 3. ed. Porto: Livraria Chandron, de Lelo & Irmão Ltda. editores, 1922. Disponível em: <http://www.dominiopublico.gov.br/download/texto/ub000011.pdf, p. 237).

143 *Ibid.*, p. 237. No mesmo sentido, Bosi, para quem: "O elitismo se tornaria, assim, um componente inarredável do processo ideológico latino-americano na medida em que as ideias gerais da evolução, progresso e civilização não se casavam com os valores da democracia social e cultural" (BOSI, *op. cit.*, p. 59).

144 CARVALHO, José Murilo de. **Pecado original da república**: debates, personagens e eventos para compreender o Brasil. Rio de Janeiro: Bazar do Tempo, 2017, p. 56.

Acresça-se que a Constituição de 1891 transferiu aos estados a propriedade das terras devolutas, antes em poder do governo central[145], e que, na prática, tal transferência redundou em um avanço de poderosos grupos regionais sobre terras anteriormente ocupadas por indígenas. Dentro dessas condições é que Ligia Osorio Silva afirma que "num certo sentido, a República retrocedera em relação ao Império na questão dos indígenas"[146].

O período republicano teve início com a busca de maior interiorização do Estado e, nessa perspectiva, o indígena representava importante problema a ser levado em conta. Por tal razão, houve nesse período uma passividade legislativa nas primeiras décadas que dificultou a garantia de uma maior proteção em relação aos direitos indígenas. Importante observar que ao longo da República vai se consolidando uma mudança de interesse dos poderes públicos em relação ao indígena. Como aponta a historiadora Lilia Schwarcz, "[...] em inícios do século XX a questão indígena ia aos poucos se desvinculando do tema da mão de obra, para se configurar como um problema de posse de terra"[147].

No intuito de intermediar a relação entre, de um lado, o avanço da sociedade nacional e, de outro, a proteção das áreas de ocupação indígena foram criados, posteriormente, institutos que tiveram atuação com impacto direto sobre a situação dos povos indígenas[148].

---

145 CUNHA, **Índios no Brasil**, cit., p. 81.

146 SILVA, Ligia Osorio. **Terras devolutas e latifúndio**, cit., p. 323. Cumpre advertir, contudo, que, antes disso, já no início da República, o Governo Provisório recém-formado expede o Decreto 7, de 20 de novembro de 1889, que, em seu art. 2°, § 12, transfere, de forma precária aos recém-criados estados as atribuições de realizar as políticas de catequese e civilização dos indígenas, bem como o estabelecimento de colônias.

147 SCHWARCZ, Lilia Moritz. **Sobre o autoritarismo brasileiro.** São Paulo: Companhia das Letras, 2019, p. 168.

148 "Entre os anos de 1907 e 1913, no traçado da linha telegráfica aberta pela Comissão Rondon, aproximadamente 18 tribos se extinguiram" (DAVIS; MENGET, **Povos primitivos e ideologias civilizadas no Brasil, cit.**, p. 58). Sobre a existência de outros órgãos estatais relevantes na República: "A

Instituto de relevância nesse sentido, já surgido na terceira década do período republicano, foi o Serviço de Proteção aos Índios, o SPI.

A primeira vez em que se faz menção em nível constitucional a algum direito indígena foi na Constituição de 1934, durante o governo de Getúlio Vargas. A referida Constituição de 1934, embora mantendo a tradição das legislações anteriores, no sentido de buscar a assimilação do índio à sociedade, reconheceu o direito de posse dos povos indígenas nas terras em que se encontrassem "permanentemente localizados"[149].

4.1 O PAPEL DO SERVIÇO DE PROTEÇÃO AOS ÍNDIOS

Ao longo do século XX foram criados instrumentos inovadores na proteção do direito dos indígenas. Em 1910 foi criado o Serviço de Proteção aos Índios e Localização dos Trabalhadores Nacionais - SPILTN -, por meio do Decreto nº 8.072, de 20 de junho de 1910[150].

Fundação Brasil Central e o SPI atuariam conjuntamente em muitas situações, e muitos quadros da primeira passariam ao segundo como é o caso dos próprios Villas-Boas, de Aires Câmara Cunha, que mais tarde viria a ser marido da índia Diacuí" (LIMA, Antônio Carlos de Souza. O governo dos índios sob a gestão do SPI. *In:* CUNHA, Manuela Carneiro da (Org.). **História dos índios no Brasil**. São Paulo: Companhia das Letras; Secretaria Municipal de Cultura; FAPESP, 1992, p. 168).

149 Dispunha o art. 5º, XIX, "m", competir privativamente à União legislar sobre a "incorporação dos silvícolas à comunhão nacional". CF. BERNARDO, **O problema do acesso à terra no estado multicultural**, cit., p. 69.

Dá medida da imagem que se buscava vender do processo de assimilação e consequente extinção das populações indígenas famoso relato feito por Lévi-Strauss, sobre um encontro que tivera com embaixador brasileiro na França, em meados dos anos 1930, já citado na introdução deste trabalho (LÉVI-STRAUSS, C. **Tristes trópicos**, cit., p. 44-45).

150 LIMA, Antônio Carlos de Souza, **O governo dos índios sob a gestão do SPI**, cit., p. 156. Cf. SILVA, Ligia Osorio. **Terras devolutas e latifúndio**, cit., p. 320; VILLAS BÔAS FILHO, Orlando. A juridicização e o campo indigenista no Brasil: uma abordagem interdisciplinar. **Revista da Faculdade de Direito**, Universidade de São Paulo, São Paulo, v. 111, p. 339-379, june 2017. ISSN 2318-8235. Disponível em: <http://www.revistas.usp.br/rfdusp/article/view/133516/129528>. Acesso em: 19 jun. 2017, p. 349.

Incluíam-se no rol das atribuições daquele órgão, vinculado, inicialmente, ao Ministério da Agricultura, Indústria e Comércio, a de garantir a efetividade das posses dos territórios ocupados pelos índios junto aos governos estaduais, a da auto-organização e a da proteção de violências contra eles praticadas[151], em especial nas novas áreas de colonização[152].

Inicialmente, o SPILTN exerceu um relevante papel em favor das comunidades indígenas quando em contato com elas. Graças à sua ação, muitos grupos foram preservados em suas áreas e se evitou o extermínio de vários deles que já se encontravam em vias de dizimação pela ação de poderes locais[153].

É inegável que o órgão, contudo, obedecia a uma clara política estatal de transformar os índios. Como bem apontou Darcy Ribeiro, o referido ente estatal exercia uma clara função de "transformação dos índios em lavradores, sua completa e pronta assimilação"[154].

151 SILVA, Ligia Osório, *op. cit.*, p. 327. Cf. LIMA, Antônio Carlos de Souza, *op. cit.*, p. 155.

152 "O Coronel Rondon foi nomeado primeiro diretor do novo Serviço de Proteção aos Índios (SPI). Como diz o nome, o SPI não era um órgão encarregado de administrar os assuntos indígenas, e sim uma instituição cujo objetivo era proteger os índios contra atos de perseguição e opressão nas áreas pioneiras" (DAVIS, Shelton. **Vítimas do milagre**: o desenvolvimento e os índios do Brasil. Tradução de Jorge Alexandre Faure Pontual. Rio de Janeiro: Zahar Editores, 1978, p. 25).

153 "Nos primeiros 20 anos de sua atividade, o SPILTN conseguiu desempenhar um papel importante na mudança de atitude dos civilizados em relação aos indígenas e tornou possível a sobrevivência de grupos que estavam em vias de serem exterminados" (SILVA, Ligia Osorio, *op. cit.*, p. 327). "Através de toda a sua história, o Serviço de Proteção aos Índios se viu quase sempre só, lutando contra o consenso geral para impor a aplicação da lei, não somente daquela que garantia amparo especial ao índio, mas o simples respeito ao Código Civil, quando índios se viam envolvidos em conflitos com civilizados" (RIBEIRO, Darcy. **Os índios e a civilização**: a integração das populações indígenas no Brasil moderno, cit., p. 166).

154 RIBEIRO, Darcy, *op. cit.*, p. 211.

Após o desmembramento do SPILTN e o surgimento do SPI, em 1918, esse órgão passou a exercer funções exclusivas de proteção indígena. Contudo, várias dificuldades se puseram à frente de sua atuação, ao ponto de que nas décadas seguintes fosse constatada uma ausência de efetividade desse ente público[155].

O SPI teve sua importância reduzida sobretudo a partir década de 1930, com redução de orçamento e limitação de sua base de atuação espacial[156]. Na década seguinte, por outro lado, com a política estatal de "Marcha para o Oeste", que preconizava a necessidade de preenchimento dos espaços interiores do país, em especial as regiões de fronteira, o SPI passou a ter papel estratégico como identificador das localidades passiveis de colonização pelo Estado e, portanto, foi instrumentalizado para garantir uma política estatal desenvolvimentista[157].

---

155 "Em 1918, o SPILTN cindiu-se e a Localização de Trabalhadores Nacionais foi juntar-se ao Serviço de Povoamento do Solo. Sozinho, o Serviço de Proteção ao Índio (SPI) continuou por muitos anos ainda a defender o indígena, mas nunca com muito sucesso, principalmente em razão do problema da demarcação das terras indígenas que se arrasta até hoje" (SILVA, Ligia Osorio, *op. cit.*, p. 327). Cf. RIBEIRO, Darcy. **Os índios e a civilização**: a integração das populações indígenas no Brasil moderno, cit., p. 223). Cf., também, LIMA, Antônio Carlos de Souza, *op. cit.*, p. 159-160.

156 "Com a criação do Ministério do Trabalho, Indústria e Comércio (MTIC) em 1930, pelo decreto no. 19433, de 26 de novembro, responsável pela gestão das relações entre capital e trabalho - [...] - seriam a ele transferidas todas as atribuições relativas a indústria, comércio e imigração-colonização alocadas até então no MAIC. Essas últimas atribuições viriam a integrar o Departamento do Povoamento, composto de quatro seções, a quarta sendo o SPI anexado ao MTIC pelo decreto n. 19670, de 4/1/1931. A retração de verbas sofrida, também abrangendo boa parte da administração pública pós-Revolução, geraria uma correspondente redução na amplitude de ação do Serviço, com a diminuição de sua abrangência espacial e dos serviços oferecidos, muitos postos sendo desativados, ou desvinculando-se das diretivas de sua chefia e independentizando-se" (LIMA, Antônio Carlos de Souza, *op. cit.*, p. 164).

157 *Ibid.*, p. 168.

Pior que isso foi a constatação de que se tornou comum, ao longo das últimas décadas de sua existência, a prática de vários abusos por parte de funcionários, ocorrência de incontáveis casos de corrupção e que tiveram como consequência a deterioração da proteção indígena no país no período[158].

4.2 EXTINÇÃO DO SPI E FUNDAÇÃO DA FUNAI

Diante dos graves problemas constatados dentro do Serviço de Proteção ao Índio, tais como a descoberta de práticas sistemáticas de corrupção por parte de seus servidores e ausência de efetividade na proteção indígena, o órgão restou extinto em 1967, já durante o regime militar iniciado em 1964. Para substituí-lo, foi criada a FUNAI, nos termos da Lei 5.371/67[159].

A atuação da FUNAI, já em seu nascedouro, tendo em vista seu alinhamento com a política de desenvolvimento econômico do governo no período ditatorial, foi objeto de severas críticas[160]. Em consequência, em suas primeiras décadas de atuação, constatou-se graves prejuízos à proteção das populações indígenas, sobretudo

[158] "Não faltam, infelizmente, os casos em que os funcionários do SPI se convertem, eles próprios, em exploradores desenfreados da mão de obra indígena ou em intermediários na sua submissão aos patrões vizinhos" (RIBEIRO, Darcy. **Os índios e a civilização**: a integração das populações indígenas no Brasil moderno, cit., p. 396).

[159] SOUZA FILHO, **O renascer dos povos indígenas para o direito**, cit., p. 90. Cf. DAVIS; MENGET, **Povos primitivos e ideologias civilizadas no Brasil**, cit., p. 40; CUNHA, **Índios no Brasil**, cit., p. 100.

[160] "Em 1970, a Funai passa a ter não só uma assessoria influente de informação e segurança (ASI), com militares egressos de órgãos de informação, mas alguns de seus presidentes provêm diretamente de altos quadros desses serviços: o general Bandeira de Mello, por exemplo, antes de assumir a presidência da Funai, era Diretor da Divisão de Segurança e Informação do Ministério do Interior. A questão indígena se torna assim, de forma patente, questão de segurança nacional" (Comissão Nacional da Verdade - CNV. **Violações de direitos humanos dos povos indígenas**. Relatório: textos temáticos / Comissão Nacional da Verdade. - Brasília: CNV, 2014, p. 211).

no que se refere à preservação das terras por elas tradicionalmente ocupadas[161].

Em contraponto, as atribuições da FUNAI eram mais amplas e complexas do que aquelas previstas para o SPI. De fato, enquanto o Decreto nº. 8.072, de 20 de junho de 1910, que autorizava a criação do SPILT, trazia como atribuição básica do ente a prestação de assistência ao índio, a Lei 5.371/67, ao regulamentar as finalidades da FUNAI, arrolou sete itens, dentre os quais, o estabelecimento de diretrizes para a política indigenista, o gerenciamento do patrimônio indígena, a realização de pesquisas, a prestação de assistência médico-sanitária e o exercício de poder de polícia[162].

A partir dos anos de 1980, com a perda de fôlego do regime militar, a FUNAI, já sob as diretrizes criadas pelo Estatuto do Índio, oscilou entre avanços e retrocessos na proteção indígena[163]. De qual-

161 "O que se verificou, na prática, foi que a Funai contava com recursos muito inferiores às suas necessidades, sendo, por isso, muito precária sua assistência aos índios. E pelo fato de estar prevista a assistência da Funai, órgão especializado, houve pequena participação do MPF, até o advento da Constituição de 1988. A par disso, havia um vício insuperável: a Funai, que deveria garantir os direitos dos índios, entre os quais o direito à terra e às riquezas nela existentes, impedindo a invasão por empresas e pessoas ou entidades interessadas na exploração econômica, estava ligada ao Ministério do Interior, que atuava em sentido oposto, buscando, em primeiro lugar, o desenvolvimento econômico, considerando a ocupação indígena um obstáculo" (DALLARI, **Terras indígenas: a luta judicial pelo direito**, cit., p. 35).

162 *Ibid.*, p. 35. Cf. FERRAZ JUNIOR, *op. cit.*, p. 690-691.

163 ISA. **Galeria dos presidentes da FUNAI**. Disponível em: <https://pib.socioambiental.org/pt/c/politicas-indigenistas/orgao-indigenista-oficial/galeria-dos-presidentes-da-funai>. Acesso em: 12 maio 2016.

A análise da galeria dos ex-presidentes que se sucederam na direção da FUNAI no referido período e ações por eles postas em prática é um bom indicativo dos referidos avanços e retrocessos. É possível traçar o perfil básico da atuação a partir da origem funcional dos presidentes – militar, civil, pertencente a direções anteriores do ente etc. Outro fator que indica a instabilidade na ação do órgão é o número elevado de presidentes que se sucederam no período. Foram 11 presidentes somente na década de 1980.

quer forma, a existência da FUNAI no período foi fundamental para a consolidação da retomada do crescimento da população indígena no país[164].

4.3 MARCHA PARA O OESTE E EXPANSÃO DA COLONIZAÇÃO PARA O INTERIOR DO BRASIL

Outro fator que trouxe imediatos impactos às populações indígenas brasileiras no século passado diz respeito ao programa levado a cabo pelo governo federal, durante a administração Getúlio Vargas e que ficou conhecido como "Marcha para o Oeste"[165].

Tinha por finalidade, tal política, a ocupação das áreas mais ocidentais do país, a fim de permitir uma distribuição mais homogênea da população nacional - em vez de concentrá-la no litoral, como até então -, incentivar a exploração agrícola e de outros bens essenciais para garantir o desenvolvimento da indústria nascente nas regiões mais populosas e o abastecimento da população que já começava a se concentrar nas cidades e que representava um mercado crescente de produtos do campo[166].

A Marcha para o Oeste consistiu também em uma tentativa de resposta à questão estratégica de defesa nacional, referente à proteção das fronteiras e à criação de dificuldades para a ocupação por estrangeiros advindos de países vizinhos[167]. Nesse contexto de defesa da segurança nacional que ostentava a Marcha para o Oeste é que foram criados, na década de 1940, os Territórios Federais do

164 "[...] desde os anos 1980, a previsão do desaparecimento dos povos indígenas cedeu lugar à constatação de uma retomada demográfica geral. Ou seja, os índios estão no Brasil para ficar" (CUNHA, **Índios no Brasil**, cit., p. 123).

165 Uma das plataformas políticas do Estado Novo era a integração nacional e o desenvolvimento social. Cf. GARFIELD, Seth. As raízes de uma planta que hoje é o Brasil: os índios e o Estado-nação na era Vargas. **Revista Brasileira de História**, São Paulo, v. 20, n. 39, p. 15-42. Disponível em: <http://www.scielo.br/>. Acesso em: 18 dez. 2016.

166 GREGORY; SCHALLENBERGER, *op. cit.*, p. 231-232.

167 *Ibid.*, p. 132 e 141.

Iguaçu[168], de Ponta-Porã[169], Amapá, Rio Branco e Guaporé (Decreto-Lei 5.812/43). No projeto da Marcha para o Oeste, mereceram especial atenção do governo central os estados do Paraná, Mato Grosso (ainda não desmembrado) e Goiás, consideradas as mais prioritárias frentes de ocupação dentro do país.

No sul do então Mato Grosso, com a derrocada da atividade econômica de produção de erva-mate (Cia. Matte Larangeira), o Estado justificou sua presença como uma necessidade, a fim de se evitar que a região se tornasse foco de uma ocupação desordenada e objeto de ação de grupos criminosos[170].

Já a região oeste do Paraná tivera seus limites fronteiriços devidamente estabelecidos havia apenas algumas décadas[171] e, também

---

168 "Alegando motivos estratégicos e de segurança, chegou a criar o Território Federal do Iguaçu (1943-1946). O Paraná (suas elites), como não queria ver seu território dividido, comprometeu-se a estabelecer políticas de ocupação brasileira da parte oeste do Estado, voltando-se para ações em infraestrutura e em planos de colonização. Estava em sintonia com a política da Marcha para o Oeste do governo federal, que desencadeou um processo de colonização e de ocupação de terras fronteiriças, favorecendo a criação e o estabelecimento de companhias madeireiras e de colonização com predomínio quase absoluto de acionistas nacionais" (GREGORY; SCHALLENBERGER, *op. cit.*, p. 141).

169 "A criação da Colônia Agrícola Nacional de Dourados, pelo Decreto-Lei n. 5.941, de 28 de outubro de 1943, do então Presidente da República Getúlio Vargas, abarcava uma área a ser retirada das terras da União, no então Território Federal de Ponta-Porã, não inferior a 300 mil hectares. No entanto, somente em julho de 1948 o governo federal demarcou a área, sendo os trabalhos concluídos após 13 anos. Foi encontrado um total de 409 mil hectares de terra. Portanto, com um excedente de 109 mil hectares referente à área do decreto (Relatório do Instituto de Colonização e Reforma Agrária – [...]. Ainda de acordo com esse relatório, o Estado de Mato Grosso reduziu, posteriormente, a área da colônia para 267 mil hectares" (BRAND, *op. cit.*, p. 101).

Cf. PAULETTI *et al.*, *op. cit.*, p. 60-61.

170 CNV, *op. cit.*, p. 214.

171 GREGORY; SCHALLENBERGER, *op. cit.*, p. 113.

em razão disso, possuía uma forte presença de estrangeiros como detentores de terras e de empresas, como as obrages, até a década de 1930[172]. Assim, de acordo com o discurso oficial, carecia de uma rápida e ordenada ocupação por nacionais, e, para garantir tal objetivo, o fomento à construção de obras de infraestrutura e à ocupação de terras por particulares foram correntes[173].

Sobre as práticas adotadas naquele período e dentro do contexto de Marcha para o Oeste, em relação aos povos indígenas no Paraná, expõe o relatório da Comissão Nacional da Verdade a existência de graves casos de espoliação de terras indígenas pelo próprio governo paranaense, em especial durante a gestão de Moysés Lupion, entre os anos 1940 e 1950.

Exemplifica a CNV a gravidade dos atentados aos direitos indígenas com o episódio a seguir transcrito, ocorrido no então estado do Mato Grosso:

> Em 1958, deputados da Assembleia Legislativa de Mato Grosso aprovaram o Projeto de Lei n. 1.077, que tornava devolutas as terras dos índios Kadiweu. Em 1961, o Supremo Tribunal Federal decide pela inconstitucionalidade da lei, mas, a essa altura, estava estabelecida a invasão, uma vez que as terras já tinham sido loteadas. Além das invasões propriamente ditas, eram comuns arrendamentos de terras que não obedeciam às condições do contrato - quando este havia - ocupando enormes extensões de terras indígenas; constituindo, em alguns casos, situação de acomodação das irregularidades (invasões praticadas e posteriormente legalizadas pelo SPI por meio de contratos de arrendamento)[174].

---

172 *Ibid.*, p. 112.

173 MOTA, Lucio Tadeu. **As guerras dos índios Kaingang**: a história épica dos índios Kaingang no Paraná (1769-1924). 2. ed. rev. e ampl. Maringá: Eduem, 2008, p. 23.

174 CNV, *op. cit.*, p. 206. De acordo com o relatório da Comissão Nacional da Verdade: "A articulação dessas políticas regionais com um projeto nacional é explicitada, por exemplo, nas resoluções e recomendações aprovadas pela

Nas concessões de terras no sul do atual estado do Mato Grosso do Sul, da mesma forma, dentro daquele programa de colonização, constatou-se, posteriormente, as violações dos direitos territoriais indígenas. O relatório da chamada Comissão Figueiredo, instalada em 1967 para apurar as graves denúncias que pesavam sobre o SPI, apontava para diversas situações em que concessões de terras indígenas em favor de particulares tinham por beneficiários pessoas ligadas a políticos, autoridades ou militares[175].

Deu-se início nesse período a grandes projetos de colonização de terras naquelas regiões, com a abertura de áreas agricultáveis e para a criação de gado. Nesse contexto, as populações indígenas da região platina brasileira aparecem aos olhos do poder público, mais uma vez na história, como preocupante entrave ao avanço econômico[176].

I Conferência Brasileira de Imigração e Colonização, realizada entre abril e maio de 1949, em Goiânia, pelo Conselho de Imigração e Colonização (CIC). Segundo elas (...), a 'delimitação das terras habitadas pelos índios' deveria ser acompanhada pelo estabelecimento de colonizações em moldes técnicos nas proximidades: 'Facilitar-se-ia, assim, não só a penetração e o desbravamento do *hinterland* brasileiro, como também a assimilação desses nossos patrícios por um processo de aculturação' (...). Imediatamente após a Conferência de Goiânia, em maio do mesmo ano, o estado do Paraná e o Ministério da Agricultura firmam um acordo (...) para a 'reestruturação' das terras dos povos Guarani e Kaingang, convertendo terras indígenas ocupadas e tituladas no estado em terras devolutas" (*Ibid.*, p. 207).

175 CNV, *op. cit.*, p. 207.

176 Nesse período se desenrola a Guerrilha do Porecatu, no norte do Paraná, levada a cabo em razão de revolta de pequenos agricultores de todo o país que foram levados para aquela região em razão de promessa da titulação das áreas pelo governo estatual. Após derrubarem grandes áreas de florestas e darem início à exploração agrícola na região, como condição para o recebimento das terras prometidas pelo poder público, a comunidade camponesa ali formada não logrou ver transferida em seu favor a efetiva propriedade daqueles territórios e viram-se inseridos em graves disputas sobre a titularidade das terras com grandes fazendeiros da região, em função da elevada valorização das terras na região. A

No período, a referida política expansionista fomentada pelo Estado se deu de forma agressiva[177]. Em consequência, a órgãos estatais, em especial o SPI, restou a incumbência de neutralizar o problema que os indígenas representavam ao desenvolvimento econômico, a fim de possibilitar a Marcha[178].

Na região platina, após anos de políticas de expulsão dos indígenas de suas terras, constatou-se um rápido decréscimo daquelas populações, sobretudo povos da etnia Guarani (Kaiowá, Nhandeva e Mbya) localizados anteriormente nas áreas objeto da neocolonização[179].

A Marcha para o Oeste, assim, viabilizou a ocupação de terras indígenas na região por particulares, de forma incentivada pelo poder público central, aspecto que acabou por fomentar e potencializar práticas de esbulho anteriormente já levadas a cabo em âmbito mais reduzido[180].

Aponta o relatório da CNV, ainda, que aquela ação ordenada, engendrada como política de Estado contra os povos indígenas na

comunidade em conflito foi violentamente reprimida pelos órgãos de segurança pública e milicianos contratados por fazendeiros (BERNARDO, Leandro F. **O problema do acesso à terra no Estado multicultural brasileiro**, cit., p. 92).

177 GREGORY; SCHALLENBERGER, *op. cit.*, p. 232.

178 "[...] a tutela e outras políticas paternalistas endossadas pelo regime Vargas possibilitavam o abuso e a repressão pelo Estado. O sistema de tutela permitiria o descuido sistemático dos interesses indígenas; políticas foram implementadas pelo Estado sem consulta aos grupos indígenas, considerados incompetentes para cuidar de seus próprios assuntos. Como o SPI pronunciava em 1939: 'O índio, dado seu estado mental, é como uma grande criança que precisa ser educada'. Os esforços para disciplinar a força de trabalho e eliminar o nomadismo – disfarçados em temas de redenção – exemplificavam este tratamento autoritário; nesse sentido o Estado procurou redesenhar as fronteiras do território indígena com a Marcha para o Oeste" (GARFIELD, *op. cit.*, p. 25).

179 CNV, *op. cit.*, p. 214.

180 *Ibid.*, p. 206.

região platina a partir daquele período e continuada pelos governos seguintes, teve como resultado a quase extinção do povo Xetá e de práticas de genocídio de outros tantos grupos[181].

Cumpre apontar que mesmo após a ocupação de áreas na região platina por não indígenas - em especial nos territórios federais anteriormente referidos, áreas de fronteiras -, alienadas e concedidas irregularmente pelos estados, a União buscou garantir condições de sua regularização ou ratificação, por meio de sucessivas leis, em especial em favor de pequenos detentores de terras[182].

Conhecer as políticas destinadas à região platina à época é essencial para entender vários dos conflitos atuais envolvendo direitos territoriais indígenas e, por esse motivo, merece um destaque especial. No Mato Grosso (na região atualmente pertencente ao Mato Grosso do Sul), ante a influência da política federal da Marcha para o Oeste, somada à paulatina diminuição da exploração por parte da Companhia Mate Larangeira nas áreas concedidas, o governo estadual passa a transferir a titularidade das terras ali existentes em favor de particulares que passam a se instalar na região[183]. Nesse período, deu-se início a um acelerado processo de ocupação das terras tradicionalmente ocupadas por povos indígenas por brasileiros vindos, sobretudo, do Rio Grande do Sul, mas também de outras regiões, a fim de desenvolver a agropecuária na região[184].

---

[181] *Ibid.*, p. 207. Afirma Cecília Helm, a respeito das consequências nocivas aos Xetá em decorrência do contato com o contato recente com a população majoritária: "A notícia da existência de índios selvagens na floresta tropical, no Paraná moderno foi um acontecimento de grande repercussão para a Antropologia. Mas, o contato com a sociedade brasileira representou o extermínio desses índios em poucos anos" (HELM, **Os Xetá: a trajetória de um grupo tupi-guarani em extinção no Paraná**, cit., p. 105).

[182] Nesse contexto, cite-se as seguintes leis: Lei 4.947/66; Decreto-Lei 1.414/75; Lei 9.871/99 e Lei 13.178/2015.

[183] *Ibid.*, p. 58.

[184] "Nos últimos cem anos, expandindo-se a partir do sul com a migração gaúcha, a sociedade não índia brasileira ocupou todo esse território, provocando a extinção de inúmeras comunidades guarani ou obrigando-as ao confinamento

Esse processo de sobreposição da área a ser colonizada com faixas de terras tradicionalmente ocupadas por indígenas se deu de modo violento, e teve como consequência o encurralamento, progressivo, das comunidades indígenas em áreas cada vez menores e reservas administradas pelo SPI.

Desenvolveu-se nos colonos uma forte cultura de intolerância em relação aos indígenas, que deixou marcas até nos dias atuais. Com afirma Grünberg: "Essa colonização interna criou um clima de intransigência, desprezo e aberto racismo anti-indígena, especialmente no triângulo guarani do sul do Mato Grosso do Sul"[185].

Nas novas frentes de colonização no Paraná no sentido oeste, a ocupação foi impulsionada em elevados níveis a partir de doação e venda de terras tidas por devolutas por parte do estado em favor de particulares[186]. Nesse contexto, foi recorrente a titulação pelo poder público de terras ocupadas por populações indígenas.

Naquela região ganham destaque como importantes destinatárias das terras públicas empresas colonizadoras, atraídas pela possibilidade de altos lucros - como com a venda de madeiras derrubadas nas novas áreas[187] - e que tinham por encargo a criação de novas frentes de ocupação[188].

---

em áreas reservadas pelo indigenismo governamental. Com uma perspectiva de fazer desaparecer os índios, a política indigenista era de integração dos Guarani ao subproletariado rural regional. GRÜNBERG, Georg. Devastação e novos horizontes na paisagem Guarani. *In:* **ISA. Povos indígenas no Brasil 2006/2010** - Instituto Socioambiental, p. 685. Disponível em: <http://pib.socioambiental.org/pt/c/downloads#1>. Acesso em: 20 abr. 2016.

185 *Ibid.*, p. 685.

186 Tão fortemente se deu o processo de titulação de terras tidas por devolutas em favor de particulares que, segundo Gregory & Schallengerger, "no término dos anos 60, as terras devolutas disponíveis para a colonização no Paraná estavam esgotadas, restando para o governo solucionar questões pendentes e resolver conflitos em diversos locais" (GREGORY; SCHALLENBERGER, *op. cit.*, p. 233).

187 *Ibid.*, p. 154.

188 *Ibid.*, p. 233. Cf., também, PRIORI, Angelo, *et al.* **História do Paraná**: séculos XIX e XX. Maringá: Eduem, 2012, p. 82. Disponível em: <http://books.scielo.org>. Acesso em: 11 abr. 2017.

No norte do Paraná é possível citar, pela sua importância, a Companhia de Terras Norte do Paraná – posteriormente substituída pela Companhia Melhoramentos Norte do Paraná – formada a partir de capital inglês, e que chegou a possuir milhões de hectares no estado, sobretudo a partir da compra de áreas do próprio poder público estadual, como de particulares[189]. Já nas áreas mais a oeste, destacam-se empresas como Industrial Madeira e Colonizadora Rio Paraná Ltda. (Maripá), Pinho e Terras Ltda., Industrial Agrícola Bento Gonçalves, Colonizadora Gaúcha Ltda., Colonizadora Matelândia, Colonizadora Criciúma, e Sociedade Colonizadora União D´Oeste Ltda[190].

Nas novas áreas de colonização houve um claro incentivo para que fossem destinadas, preferencialmente, a colonos vindos do sul do Brasil, em especial do Rio Grande do Sul, e é possível constatar que tal intento foi atingido, com a existência de grande contingente de pessoas de hábitos tipicamente gaúchos radicados até hoje na região oeste do Paraná, tal como nas proximidades do município de Cascavel/PR[191].

---

189 GOMES, Valdir. Colonização do Norte do Paraná: um olhar na perspectiva da administração e do meio ambiente. **Revista Sociedade e Território**, v. 27, n. 1. Disponível em: <https://periodicos.ufrn.br/sociedadeeterritorio>. Acesso em: 28 fev. 2017. De acordo com texto publicado pela Companhia Melhoramentos Norte do Paraná, esta reconhece como ocupada, ao longo do tempo, as seguintes áreas: "No total, a Companhia Melhoramentos Norte do Paraná colonizou uma área correspondente a 546.078 alqueires de terras, ou 1.321.499 hectares, ou ainda cerca de 13.166 quilômetros quadrados. Fundou 63 cidades e patrimônios, vendeu lotes e chácaras para 41.741 compradores, de área variável entre 5 e 30 alqueires, e cerca de 70.000 datas urbanas com média de 500 metros quadrados" (CMNP - COMPANHIA MELHORAMENTOS NORTE DO PARANÁ. **Colonização e desenvolvimento do Norte do Paraná.** 3. ed., p. 116). Disponível em <http://www.cmnp.com.br/melhoramentos/50anos-cmnp/files/CMNP.pdf>. Acesso em: 28 fev. 2017.

190 PRIORI, Angelo, *et al. op. cit.*, p. 82.

191 GREGORY; SCHALLENBERGER, *op. cit.*, p. 151; BRAND, *op. cit.*, p. 110; PAULETTI *et al.*, *op. cit.*, p. 58; PRIORI, Angelo, *et al. op. cit.*, p. 83.

Nessa nova situação que se apresentava na região ainda se inseriam como contrapostos aos interesses indígenas aqueles de poderosos grupos econômicos e políticos regionais, que buscavam a todo custo o reconhecimento de extensas áreas de terras em seu favor e faziam aumentar, ainda mais, a tensão no campo[192].

Dentro do contexto da Marcha para o Oeste, foram criadas, pelo governo federal, em parceria com os governos estaduais e municipais, colônias agrícolas nacionais (CAN) em meados da década de 1940[193]. Na região de Dourados, no Mato Grosso, foi instalada a Colônia Agrícola Nacional de Dourados. Já na região oeste paranaense é criada a Colônia Agrícola Nacional General Osório[194].

O processo de colonização nas regiões meridional do Mato Grosso e oeste paranaense, impulsionado pela criação das colônias agrícolas nacionais nas áreas consideradas estratégicas pelo poder público, provocou um rápido aumento populacional nas décadas seguintes[195].

A Colônia Agrícola Nacional de Dourados possuía à sua disposição área de tamanho superior a 400 mil hectares[196] e que se sobrepôs a extensas áreas indígenas do povo Guarani-Kaiowá já em

---

192 GREGORY; SCHALLENBERGER, *op. cit.*, p. 121.

193 BRAND, *op. cit.*, p. 100.

194 GREGORY; SCHALLENBERGER, *op. cit.*, p. 121; PAULETTI *et al.*, *op. cit.*, p. 61.

195 BRAND, *op. cit.*, p. 110.

196 "A criação da Colônia Agrícola Nacional de Dourados, pelo Decreto-Lei n. 5.941, de 28 de outubro de 1943, do então Presidente da República Getúlio Vargas, abarcava uma área a ser retirada das terras da União, no então Território Federal de Ponta-Porã, não inferior a 300 mil hectares. No entanto, somente em julho de 1948 o governo federal demarcou a área, sendo os trabalhos concluídos após 13 anos. Foi encontrado um total de 409 mil hectares de terra. Portanto, com um excedente de 109 mil hectares referente à área do decreto (Relatório do Instituto de Colonização e Reforma Agrária – [...]. Ainda de acordo com esse relatório, o Estado de Mato Grosso reduziu, posteriormente, a área da colônia para 267 mil hectares" (*Ibid.*, p. 101).

seu nascedouro. Os conflitos, a partir da instalação daquela colônia, entre índios e colonos, foram constantes[197].

Atesta o relatório da Comissão da Verdade, acerca dos impactos da colonização levada a cabo na região de Dourados:

> Entre 1948 e 1949, a região de Dourados foi palco de uma espécie de "corrida da terra" em função das notícias sobre a distribuição de lotes da Colônia Agrícola Nacional de Dourados (CAND). A ação do governo de Mato Grosso reforçou os problemas, ao dar margem à ação de especuladores e a barganhas eleitorais (...)[198].

A instalação na região de Dourados se mostrava muito vantajosa e entre os principais atrativos daquelas terras para o colono se colocavam a existência de extensas áreas de florestas, passiveis de derrubada, solo propício à produção agrícola e criação de gado[199].

Além dos conflitos e embates diretos contra os indígenas na disputa pelo direito sobre a terra, os colonos passaram a se utilizar do sistema judicial para lograr a expulsão dos índios. Sobre o tema, afirma Brand que: "Estes [os colonos], por sua vez, buscavam constantemente obter a expulsão dos índios através de ações na Justiça por meios escusos"[200].

O SPI, ente público com a missão de proteção indígena, agiu em consonância com o projeto estatal de colonização das áreas indígenas e, assim, teve direta participação nas violações dos direitos territoriais daqueles grupos[201]. Mesmo as terras indígenas que restaram

---

197 *Ibid.*, p. 101.

198 CNV, *op. cit.*, p. 214.

199 "Novos núcleos populacionais surgem na região, atraindo centenas de pequenos produtores rurais, interessados nas ricas matas e no solo que se mostrava propício à lavoura e a criação de gado. Infelizmente, mais uma vez, à revelia da existência dos índios" (PAULETTI *et al.*, *op. cit.*, p. 58).

200 BRAND, *op. cit.*, p. 102.

201 *Ibid.*, p. 106. "Documentos do SPI (1946-1947) mostram que os Kaiowá da região entre Dourados e Rio Brilhante comunicaram-se reiteradamente com o SPI para pedir auxílio diante do avanço dos colonos, sem obter sucesso" (CNV, *op. cit.*, p. 214).

destacadas e demarcadas como alheias ao processo de colonização foram, paulatinamente, reduzidas, como atesta o relatório da Comissão Nacional da Verdade:

> Em 1948, inicia-se a negociação para a demarcação de uma área mínima para garantir a sobrevivência dos Kaiowá da região. Nos anos 1950, restaram aos indígenas sete lotes da CAND, nos quais eles resistiriam pelas décadas seguintes. Ainda assim, entre 1961 e 1963, há vários registros de reclamações dos indígenas em função da invasão de suas terras por fazendeiros que diziam ter títulos dados pelo Estado[202].

A ocupação dos territórios por colonos, seu cercamento e a derrubada das matas, tiveram o condão de inviabilizar a vida dos povos indígenas[203]. No período, ante a violência e pressão a que estavam submetidos, os Guarani-Kaiowá se viam obrigados a deixar suas terras para locais mais distantes, muitas vezes até mesmo para países da fronteira, em especial o Paraguai[204].

A colonização do oeste paranaense a partir das primeiras décadas do século XX, tal como se deu no sul do atual Mato Grosso do Sul, ocorreu mediante a subjugação das comunidades indígenas preexistentes e, nesse processo, com a participação fundamental de órgãos estatais, como o SPI e as forças de segurança regionais[205].

Foram vários casos de remoção forçada de comunidades indígenas nas duas regiões[206]. O povo Xetá, nesse contexto, foi vítima da ação do Estado que teve como consequência a sua extinção quase total em razão daqueles atos de genocídio[207].

---

202 CNV, *op. cit.*, p. 214.

203 RIBEIRO, Darcy. **O povo brasileiro**, cit., p. 353.

204 CNV, *op. cit.*, p. 215.

205 *Ibid.*, p. 216.

206 *Ibid.*, p. 223.

207 *Ibid.*, p. 223; HELM, **Os Xetá**: a trajetória de um grupo tupi-guarani em extinção no Paraná, cit., p. 109.

No Paraná, ao lado da política levada a cabo pela União, o governo estadual também realizou projetos próprios de colonização da região oeste a partir da década de 1940[208]. O estado contou com órgão voltado para o projeto colonizador, o Departamento de Terras e Colonização do Estado do Paraná[209].

Era comum a doação pelo estado do Paraná de grandes áreas em favor de pessoas ligadas a políticos regionais. Os Xetá, por exemplo, foram diretamente afetados pela doação de grande área em favor de um apoiador do governador Moysés Lupion, em 1951, como atesta o relatório da Comissão Nacional da Verdade:

> À revelia das notícias da presença dos Xetá em Serra dos Dourados, em 1951 o estado do Paraná cedeu, por permuta, um terreno de 1.400 alqueires na área ao fazendeiro e deputado estadual Antonio Lustosa de Oliveira, amigo pessoal e apoiador político do governador Moysés Lupion. A fazenda Santa Rosa, instalada no ano seguinte, e cujo administrador era o sobrinho do deputado, Antonio Lustosa de Freitas, se estendeu sobre um dos campos de caça de um dos grupos Xetá[210].

As companhias de colonização foram responsáveis por vários e reiterados atos atentatórios às comunidades indígenas previamente instaladas nas áreas em que aquelas buscavam ingressar, no segundo e terceiro planaltos. São diversos os casos de sequestros de crianças indígenas, assassinatos por mercenários, dentre outras graves violações de direitos humanos[211].

As áreas próximas ao rio Tibagi, no Paraná, tipicamente ocupada por índios Kaingang – e também Guarani, em menor quantidade –, já vinham sendo objeto de colonização no início do século

[208] CNV, *op. cit.*, p. 223; GREGORY; SCHALLENBERGER, *op. cit.*, p. 110.

[209] HELM, **Os Xetá**: a trajetória de um grupo tupi-guarani em extinção no Paraná, cit., p. 106.

[210] CNV, *op. cit.*, p. 224; HELM, **Os Xetá**: a trajetória de um grupo tupi-guarani em extinção no Paraná, cit., p. 110.

[211] CNV, *op. cit.*, p. 225-226.

XX por grandes posseiros[212]. Contudo, aquele projeto de colonização levado a cabo na região a partir da década de 1940 acabou por atingir frontalmente as populações indígenas ali localizadas, com a derrubada das matas anteriormente existentes e com a sua ocupação por pequenos e médios produtores rurais[213].

O projeto de colonização na região do rio Tibagi, no Paraná, teve por consequência a destruição, em grande medida, da cultura Kaingang, com a sua submissão a uma integração forçada, não desejada, e consequente marginalização social. Sobre tal integração daqueles indígenas no período, Lévi-Strauss dá um importante testemunho, em sua obra *Tristes trópicos*:

> Para minha grande decepção, os índios do Tibagi não eram, pois, nem completamente 'verdadeiros índios', nem, sobretudo, 'selvagens'. Mas, despojando de sua poesia a imagem ingênua que o etnógrafo estreante forma de suas experiências futuras, eles me davam uma lição de prudência e de objetividade. [...]. Eles ilustravam plenamente essa situação sociológica que tende a tornar-se exclusiva para o observador da segunda metade do século XX, de 'primitivos' a quem se impôs brutalmente a civilização e dos quais, uma vez superado o perigo que se dizia representarem, todos se desinteressaram em seguida[214].

Para garantir a manutenção do direito pelos pequenos e médios colonos e donatários de grandes faixas de terras sobre as terras anteriormente ocupadas por indígenas, foi necessário o recurso da

212 "Nos primeiros anos do governo da República, as terras indígenas localizadas na Bacia do Rio Tibagi continuaram a ser invadidas por não índios. O desmatamento na Bacia estava restrito ao caminho dos tropeiros. Os fazendeiros que se instalaram na região dos Campos Gerais derrubaram a madeira, especialmente a *Araucaria angustifolia*, para ampliar as áreas de pastagens" (HELM, A UHE Mauá no rio Tibagi (Paraná): impactos socioambientais e o desafio da participação indígena. *In:* Verdum, Ricardo et al. (Org.). **Integração, usinas hidroelétricas e impactos socioambientais**. Brasília: INESC, 2007, p. 170).

213 HELM, *op. cit.*, p. 170.

214 LÉVI-STRAUSS, *op. cit.*, p. 160-161.

coerção estatal, em todos os níveis - federal, estadual e municipal - para rechaçar a presença indígena[215]. A atuação do poder judiciário foi, em muitos casos, determinante para o desfecho dos litígios, geralmente contra os indígenas.

Expulsos de suas terras, aos grupos indígenas da região platina brasileira naqueles dois estados muitas vezes não restou outra alternativa que não fosse a disponibilização de sua força de trabalho em favor dos colonos e dos grandes latifundiários da região, a fim de garantir sua sobrevivência[216].

Por volta dos anos de 1970, findada a distribuição de grande quantidade de terras disponíveis no oeste paranaense e na região meridional sul mato-grossense e com o surgimento de novas frentes de colonização mais ao norte, sobretudo nos estados de Mato Grosso e Goiás, perdeu força o fluxo migratório de colonos em busca de terras nas regiões sob estudo. Nesse período, constata-se a consolidação das posses ocorridas nas décadas anteriores e a exploração agropecuária por aqueles[217].

Todo esse processo colonizador nessas regiões foi o principal elemento responsável pela perda das terras tradicionalmente ocupadas por aqueles povos indígenas, em especial os Guarani (Kaiowá, Nhandeva e Mbya) e Kaingang localizados nos estados do Paraná e Mato Grosso do Sul[218]. Confirma essa conclusão em relação aos Guarani-Kaiowá do Mato Grosso do Sul Levi Marques Pereira, para quem:

---

215 PAULETTI *et al., op. cit.*, p. 60.

216 *Ibid.*, p. 60.

217 *Ibid.*, p. 61.

218 *Ibid.*, p. 61; HELM, **A justiça é lenta, a Funai devagar e a paciência dos índios está se esgotando:** perícia antropológica na área indígena Mangueirinha, PR, cit., p. 30. Ao se analisar a realidade ocorrida no estado de Santa Catarina, na mesma época, a situação experimentada pelos povos indígenas desse estado, em especial os Kaingang, era parecida. Ali se verificou - e verifica, ainda hoje - grande violência contra os índios. De acordo com Ligia Osorio Silva: "Nesses episódios sangrentos, os coronéis tiveram um papel destacado, como organizadores das 'batidas', verdadeiras expedições punitivas, que horrorizaram as parcelas mais esclarecidas da sociedade, quando vieram a público

> Estudos históricos e antropológicos atestam que, a partir da penúltima década do século XIX, as comunidades kaiowá e guarani foram sendo gradativamente expropriadas das terras que ocupavam de acordo com seus usos, costumes e tradições. Tal expropriação foi mais intensa em alguns períodos, como entre as décadas de 1930 e 1950, coincidindo com o requerimento e titulação da maior parte das terras por particulares e, entre as décadas de 1960-1980, quando ocorre a expansão das atividades agropecuárias[219].

A expulsão de suas terras levou os indígenas, como os Guarani do sul do Mato Grosso do Sul, a se deslocaram em direção a regiões inóspitas, incapazes de lhes fornecer mínimas condições de vida, como a caça, a pesca e o extrativismo, situação que levou a um grande processo de desagregação social[220].

Enfim, o projeto oficial de ocupação das áreas mais interiores e mais a oeste do Brasil a partir de meados do século passado trouxe graves consequências aos povos indígenas, que geram reflexos até os dias atuais, com um alto índice de conflitos e de violência no campo.

---

nos órgãos de imprensa. Mas não apenas os coronéis foram os responsáveis pela prática violenta contra os indígenas. Em Santa Catarina, por exemplo, pequenos colonos foram personagens centrais na luta pela terra, dos índios. Grande parte da responsabilidade cabia, sem dúvida, às autoridades estaduais, que vendiam lotes de terras encravados dentro dos territórios indígenas, provocando o conflito dos colonos com os antigos ocupantes" (SILVA, Ligia Osorio. **Terras devolutas e latifúndio**, cit., p. 285).

No interior do estado do São Paulo, os Kaingang também foram vítimas do processo de colonização mais a oeste, como aponta Shelton Davis: "Os Kaingang de São Paulo, por exemplo, foram reduzidos de 1.200 pessoas, na época da pacificação, em 1912, para apenas 87 indivíduos esfarrapados e famintos, em 1957" (DAVIS, **Vítimas do milagre**, cit., p. 28).

219 PEREIRA, Levi Marques. Demarcação das terras, reordenamentos organizacionais e gestão territorial. *In:* **ISA.** Povos indígenas no Brasil 2006/2010 - Instituto Socioambiental, p. 688-691. Disponível em: <http://pib.socioambiental.org/pt/c/downloads#1>. Acesso em: 20 abr. 2016, p. 688.

220 GREGORY; SCHALLENBERGER, *op. cit.*, p. 66.

Não é por acaso que essas regiões concentram os maiores índices de casos de homicídios e outras espécies de agressões a indígenas, fora da região amazônica - região que concentra a imensa maioria da população e das terras indígenas - como se constata no relatório "Violência contra os povos indígenas no Brasil", feito pelo Conselho Indígena Missionário[221].

4.4 PERÍODO DITATORIAL E AS VIOLAÇÕES DOS DIREITOS INDÍGENAS

O período em que teve vigência no país, o regime ditatorial foi responsável por relevantes impactos em relação à política indigenista oficial e as consequências de sua colocação em prática foram sensíveis. Trata-se de período em que o desenvolvimentismo econômico serviu de mote à ação estatal e, neste contexto, a questão indígena, em vários momentos, representou um entrave a ser superado[222]. De acordo com Shelton Davis "nos anos imediatamente posteriores ao golpe, o governo militar introduziu uma série de novas diretrizes de desenvolvimento econômico que transformaram toda a economia política do Brasil"[223].

O fomento e a realização de empreendimentos de grande porte por todo o interior do país, como grandes rodovias, usinas hidrelétricas, dentre outros, são os exemplos mais concretos de ações estatais que impactaram a vida de várias comunidades indígenas no período[224].

---

221 RELATÓRIO - Violência contra os povos indígenas no Brasil - Dados de 2018. Disponível em: <https://cimi.org.br/wp-content/uploads/2019/09/relatorio-violencia-contra-os-povos-indigenas-brasil-2018.pdf>. Acesso em: 18 maio 2020.

222 DAVIS, **Vítimas do milagre**, cit., p. 57-58.

223 *Ibid.*, p. 57-58.

224 "Na história recente do Brasil muitos povos indígenas foram praticamente extintos ou tiveram grande parte de seus territórios destruídos por causa desses empreendimentos do 'desenvolvimento'. Na década de 1970, a Usina Hidrelétrica de Itaipu, no Rio Paraná, cobriu aproximadamente 60 aldeias Guarani em ambas as margens (do lado do Brasil e do Paraguai). Reconhecendo parcialmente sua responsabilidade, o empreendimento binacional devolveu aos Guarani menos de 1% das terras indígenas que foram

Paradoxalmente, foi nesse momento em que foram criados e desenvolvidos relevantes atos e instrumentos de proteção dos direitos indígenas e até então inexistentes. Como exemplo, pode ser citada a criação do Estatuto do Índio, criado pela Lei, Lei 6.001, de 1973, e que trouxe como propósito básico a preservação das culturas indígenas e a necessidade de integrá-las, progressiva e harmoniosamente, à comunhão nacional[225].

Foi durante o período de duração da ditadura, curiosamente, que se verificou a consolidação da inversão da tendência de redução da população indígena no país depois de mais de 400 anos de constante diminuição. De acordo com Maria Marta Azevedo, a população indígena teria atingido seu ponto mais crítico por volta na década de 1950, com cerca de 70 mil índios no país e tal quantidade passa a aumentar nas décadas seguintes, com o atingimento de cerca de 210 mil índios no Brasil em 1979[226].

---

alagadas. Essas comunidades seguem sem terra, sem o reconhecimento concreto de seus direitos e sem qualquer tipo de reparação" (BRIGHENTI, Clóvis Antônio. **O "desenvolvimento" *versus* os povos indígenas.** CONSELHO INDIGENISTA MISSIONÁRIO: RELATÓRIO - Violência contra os povos indígenas no Brasil - Dados de 2014, p. 21. Disponível em <http://cimi.org.br/pub/Arquivos/Relat.pdf>. Acesso em: 20 jan. 2016).

225 CUNHA, **Índios no Brasil**, cit., p. 102. De acordo com Dalmo Dallari: "[...] em 19 de dezembro de 1973, foi editada a Lei n. 6.001, dispondo sobre o Estatuto do Índio. Além de estabelecer com clareza e minúcia as normas relativas aos direitos dos índios sobre as terras por eles ocupadas o Estatuto contém, também, algumas regras importantes sobre a defesa dos direitos dos índios e das comunidades indígenas" (DALLARI, **Terras indígenas**: a luta judicial pelo direito, cit., p. 35). "Embora com capacidade processual, as comunidades não são pessoas jurídicas. O constituinte criou, assim, um *sujeito de direito sui generis*, que goza dos benefícios da nacionalidade e da cidadania (Lei 6.001/73, art. 5º, lei recebida pela Constituição), mas tem características étnicas próprias (ainda que diversificadas), que a Constituição reconhece e respeita. Nesse sentido são brasileiros, como se lê na formulação indireta do parágrafo único do art. 1º da mesma Lei: [...]" (FERRAZ JUNIOR, *op. cit.*, p. 691).

226 AZEVEDO, Marta Maria. Diagnóstico da população indígena no Brasil. **Ciência e Cultura**, v. 60, n. 4, out. 2008.

Todavia, a adoção de medidas de proteção indígenas, conforme anteriormente relatado, teve vez somente após as constatações de abuso e ineficiência do SPI por relevantes órgãos nacionais e internacionais e que passaram a exercer pressão sobre o governo militar ante as claras violações de direitos humanos[227]. Tais fatos desencadearam o processo que culminou com a extinção do SPI, em 1967.

No âmbito interno, contribuíram para pressionar o governo ditatorial, à época, denúncias e investigações sobre graves violações dos direitos indígenas e de ineficiência dos órgãos e entes na sua defesa, como, por exemplo, a instalação de Comissões Parlamentares de Inquéritos no Congresso - quatro, sendo três na Câmara e uma no Senado - e em Assembleias Legislativas estaduais. Foi realizada, também, uma investigação no Ministério do Interior - que culminou no Relatório Figueiredo - e que foi determinante para a extinção do SPI.

No plano internacional, foram enviadas missões ao país, a partir de 1970, sendo uma da Cruz Vermelha Internacional, para apurar as violações de direitos humanos sofridas pelos índios. Organizações privadas internacionais, como o Tribunal Russell II, também investigaram violações[228].

227 DAVIS; MENGET, **Povos primitivos e ideologias civilizadas no Brasil**, cit., p. 39-40.

228 "As denúncias de violações cometidas contra povos indígenas e de corrupção no órgão indigenista provocaram quatro Comissões Parlamentares de Inquérito - no Senado, a CPI de 1955, e, na Câmara, as de 1963, 1968 e 1977. Em 1967, houve uma CPI na Assembleia Legislativa do estado do Rio Grande do Sul e, no mesmo ano, uma comissão de investigação do Ministério do Interior produziu o Relatório Figueiredo, motivo da extinção do SPI e criação da Funai. Três missões internacionais foram realizadas no Brasil entre 1970 e 1971, sendo uma delas da Cruz Vermelha Internacional. Denúncias de violações de direitos humanos contra indígenas foram enviadas ao Tribunal Russell II, realizado entre 1974-1976, e também à quarta sessão desse tribunal internacional, realizado em 1980 em Roterdã. Nessa sessão foram julgados os casos Waimiri Atroari, Yanomami, Nambikwara e Kaingang de Manguerinha, tendo o Brasil sido condenado" (CNV, *op. cit.*, p. 208).

4.4.1 As constatações da Comissão Nacional da Verdade acerca das violações dos direitos territoriais indígenas no período ditatorial

Em 18 de dezembro de 2011 foi criada pela Lei Federal 12.528 a Comissão Nacional da Verdade, após antiga demanda de setores organizados da sociedade civil e após a multiplicação de órgãos congêneres destinados a investigar a prática de graves violações de direitos humanos ocorridas durante a duração de regimes de exceção em diversos países, a fim de apurar a ocorrência de graves violações de direitos humanos praticadas no período em que se concentraram as investigações, entre 1946 e 1988, mas, sobretudo, em relação ao período de duração da ditadura militar no país, ou seja, entre 1964 e 1985.

Em dezembro de 2014 foram entregues os resultados dos trabalhos desenvolvidos pela CNV, bem como as recomendações daí decorrentes, a fim de aperfeiçoar a proteção dos direitos humanos no Brasil a partir da experiência vivida no período de análise e adotar as medidas reparatórias pertinentes.

Cumpre apontar as conclusões a que chegou aquela Comissão em relação aos impactos sofridos pelos povos indígenas durante a ditadura. Tais conclusões ganham maior relevância ante o fato de que o relatório da CNV consiste em manifestação de órgão oficial criado, por prazo definido, como integrante da Administração Pública Federal, e que apontou as práticas ilícitas realizadas pelo próprio Estado no passado.

A Comissão reconhece, inicialmente, a ocorrência de relevante participação do Estado brasileiro nas violências sofridas pelos povos indígenas no período de análise. Numa primeira observação, sua participação teria decorrido mais de sua omissão, em permitir a governos locais e regionais e a particulares esbulharem com grande liberdade as terras indígenas em todo o país[229].

Constatou, numa análise mais apurada, que, sobretudo no auge do período ditatorial, houve uma direta ação do Estado brasileiro,

[229] *Ibid.*, p. 204.

no fomento a empreendimentos desenvolvimentistas, com o favorecimento de interesses econômicos de particulares a despeito dos direitos indígenas[230]. Cita o relatório como exemplo o Plano de Integração Nacional levado a cabo no período.

Em uma amostragem limitada a poucas comunidades indígenas no Brasil no período, a CNV estimou a ocorrência de, pelo menos, 8.350 mortes de indígenas por ação direta do Estado no período. A própria Comissão ressalva que os números reais de mortos devem ser exponencialmente maiores, se considerada a realidade ampliada para todas as comunidades indígenas do Brasil à época[231].

Constatou, ainda, a CNV, que a FUNAI, ente estatal com atribuições de proteção dos direitos indígenas, esteve, durante o período de ditadura, alinhada às políticas desenvolvimentistas levadas a cabo pelo governo. Exemplo maior disso foi a subordinação, à época, da FUNAI, ao Ministério do Interior, pasta que tinha sob sua competência a efetivação das políticas de construção de novas rodovias e outros projetos de desenvolvimento econômico[232].

---

230 *Ibid.*, p. 204-205.

231 De acordo com o relatório: "Como resultados dessas políticas de Estado, foi possível estimar ao menos 8.350 indígenas mortos no período de investigação da CNV, em decorrência da ação direta de agentes governamentais ou da sua omissão. Essa cifra inclui apenas aqueles casos aqui estudados em relação aos quais foi possível desenhar uma estimativa. O número real de indígenas mortos no período deve ser exponencialmente maior, uma vez que apenas uma parcela muito restrita dos povos indígenas afetados foi analisada e que há casos em que a quantidade de mortos é alta o bastante para desencorajar estimativas" (*Ibid.*, p. 205).

232 *Ibid.*, p. 205. Digno de nota a constatação do relatório, segundo o qual: "Tanto o endurecimento da política indigenista como a repressão ao movimento político-indigenista que se gestava para fazer frente ao contexto da ditadura militar intensificam-se sobremaneira após o AI-5. A partir de 1970, com a edição do Decreto n. 66.882, a Funai incorpora formalmente atividades de assessoramento de segurança e informações à sua estrutura organizacional, por meio de uma 'Seção de Segurança e Informações', vinculada à Divisão de Segurança e Informações (DSI) do Ministério do Interior. Em 1975, é publicado, através da portaria no 239, o regimento

A CNV ressalta a ocorrência de atos de diretores e funcionários do SPI e FUNAI como atentatórios aos direitos indígenas no período[233]. Segundo o relatório, ficou constatada a irregular apropriação de terras indígenas por particulares mediante a colaboração de funcionários corruptos daqueles entes públicos, bem como a omissão de funcionários diante de violências cometidas contra os índios[234].

Aponta o relatório que houve repressão por parte do Estado, sobretudo após o Ato Institucional nº 5, de 13 de dezembro de 1968, sobre as populações indígenas, bem como em relação a funcionários dos órgãos e entes públicos e privados voltados à sua proteção e estudo, incluindo-se, aí, missionários e antropólogos[235]. Assim, foi comum a ocorrência de prisões e cerceamento de liberdade em relação àqueles[236].

Particularmente grave foi a constatação por parte da CNV - órgão estatal - que reconhece que o Estado brasileiro via no indígena um verdadeiro opositor à época da ditadura:

> Claro está que os indígenas foram vistos pelo Estado como seus opositores, pecha que se estendeu também a diversos defensores dos direitos indígenas. Documentos oficiais de diversos períodos demonstram isso: desde correspondências do SPI que testemunham a caracterização de índios enquanto 'comunistas' em disputa pelo poder local nos postos até as 'fichas' da ASI da Funai, que retratam com o mesmo epíteto uma série de lideranças indígenas e indigenistas. Não é fortuito, ainda, que tenha sido exatamente nessa época, mais especialmente no período conhecido

interno da Assessoria de Segurança e Informações (ASI-Funai), tal como passa a ser chamada, que regulamenta suas finalidades, intrinsecamente ligadas à adequação da Fundação à Doutrina da Segurança Nacional. Através da portaria, todas as unidades descentralizadas da Funai passam a compor a 'comunidade de informações' da ASI, o que se reverte na instauração de um clima constante de perseguição dentro do órgão" (*Ibid.*, p. 247).

233 *Ibid.*, p. 205.

234 *Ibid.*, p. 205.

235 *Ibid.*, p. 239.

236 *Ibid.*, p. 243 e 248.

> como "milagre econômico", que tenha se consolidado a imagem dos povos indígenas enquanto "empecilho para o desenvolvimento do país"[237].

Fez parte da política estatal no período a tentativa de forçar a integração do índio ao restante da população brasileira, a fim de liberar seus territórios para as atividades compreendidas como relevantes para o desenvolvimento econômico e por questões estratégicas, como a defesa de fronteiras[238]. A aprovação do Estatuto do Índio explicitou, em grande medida, essa intenção[239].

De acordo com o relatório, o marco fundamental para a limitação da política integracionista levada a cabo no período ditatorial pelo Estado brasileiro somente veio a ser estabelecido com o advento da Constituição da República de 1988[240], sobretudo ao ter garantido aos povos indígenas o direito à terra tradicionalmente por eles ocupadas e o respeito aos seus costumes[241].

A Comissão Nacional da Verdade constatou que as nefastas ações do Estado brasileiro contra os povos indígenas se deram de forma habitual e sistemática, em obediência a uma cadeia de comando organizada no aparelho estatal e, por essa razão, impôs o reconhecimento de sua responsabilidade na violação dos direitos humanos dos indígenas[242].

---

237 *Ibid.*, p. 251.

238 "Em síntese, pode-se dizer que os diversos tipos de violações dos direitos humanos cometidos pelo Estado brasileiro contra os povos indígenas no período aqui descrito se articularam em torno do objetivo central de forçar ou acelerar a 'integração' dos povos indígenas e colonizar seus territórios sempre que isso foi considerado estratégico para a implementação do seu projeto político e econômico" (*Ibid.*, p. 251).

239 *Ibid.*, p. 251-252.

240 *Ibid.*, p. 252.

241 *Ibid.*, p. 252.

242 "Não são esporádicas nem acidentais essas violações: elas são sistêmicas, na medida em que resultam diretamente de políticas estruturais de Estado, que respondem por elas, tanto por suas ações diretas quanto pelas suas omissões" (*Ibid.*, p. 204).

A CNV reconhece no relatório a responsabilidade do Estado brasileiro pelas violências sofridas pelos povos indígenas durante o período da ditadura, em decorrência de ação direta ou mesmo omissão do poder público. Reconheceu, no mesmo contexto, a sua responsabilidade pela ocorrência de esbulho das terras ocupadas pelos indígenas[243].

Além de outras doze recomendações, a CNV apontou esta, que destacamos por sua relevância:

> Regularização e desintrusão das terras indígenas como a mais fundamental forma de reparação coletiva pelas graves violações sofridas pelos povos indígenas no período investigado pela CNV, sobretudo considerando-se os casos de esbulho e subtração territorial aqui relatados, assim como o determinado na Constituição de 1988[244].

Ainda hoje persistem disputas territoriais entre indígenas e não indígenas decorrentes desse período. Exemplo dessas disputas se deu com a construção da Usina Hidroelétrica de Itaipu. Em decorrência do referido projeto, foi extinto o Parque Nacional de Sete Quedas, no início da década de 1980[245] e estima-se que mais de 60 comunidades Guarani foram diretamente afetadas, tanto do lado brasileiro como do lado paraguaio da fronteira[246].

4.5 A POLÍTICA DE EMANCIPAÇÃO INDÍGENA E VIOLAÇÕES DOS SEUS DIREITOS TERRITORIAIS

Projeto estreitamente ligado à política desenvolvimentista e que trouxe graves prejuízos aos direitos indígenas no período ditatorial, em especial o direito à terra, diz respeito à tentativa de integração da população indígena ao restante da sociedade. Para lograr

243 *Ibid.*, p. 253.

244 *Ibid.*, p. 253.

245 CNV, *op. cit.*, p. 210 e 226.

246 BRIGHENTI, *op. cit.*, p. 21.

êxito nesse projeto, teve especial importância a busca da implementação da política de emancipação indígena.

Cumpre destacar que no período inicial de vigência do Código Civil de 1916, aprovado já no período republicano, o índio era considerado relativamente incapaz e, em consequência, competia ao ente de proteção indígena, o SPI, assisti-lo nos atos da vida civil[247].

O Estatuto do Índio inovou, ao estabelecer o regime tutelar em favor do índio não integrado à sociedade – diverso daquele sistema civilista previsto no Código Civil –, e que impôs o encargo de tutor ao ente de proteção dos direitos indígenas, a FUNAI, além de permitir a este último atestar sua condição de integrado à sociedade[248].

---

[247] VILLARES, Luiz Fernando. **Estado pluralista**: o reconhecimento da organização social e jurídica dos povos indígenas no Brasil. 2013. 460 f. Tese (Doutorado em Direito) – Faculdade de Direito, Universidade de São Paulo, São Paulo, 2013, p. 123. Dalmo Dallari, ao tratar do regime da capacidade prevista na legislação civil brasileira ao índio no regime do revogado Código Civil expõe que "[...] a lei estabeleceu uma situação especial para a proteção dos direitos e interesses dos silvícolas, dispondo que eles ficarão sujeitos a um regime especial de tutela, ou seja, eles deverão ter um tutor, que a lei nomeará e cujas atribuições e responsabilidades deverão ser igualmente fixadas em lei especial" (DALLARI, Dalmo de Abreu. O índio, sua capacidade jurídica e suas terras. **Cadernos da Comissão Pró-Indio**, n. I: A questão da emancipação. Global Editora. São Paulo, 1979, p. 78). Sobre a necessidade de uma análise crítica sobre o conceito de "sujeito de direito" dentro do direito civil, cf. FACHIN, Luiz Edson. **Teoria crítica do direito civil.** 3. ed. Rio de Janeiro: Renovar, 2012, p. 16. Ainda, de acordo com Fachin: "a incapacidade, ao contrário do que possa parecer, não é apenas um conceito técnico, mas também ideológico, que tem um valor situado no momento anterior à definição jurídica" (*Ibid.*, p. 200).

[248] Dispõe o art. 7º do Estatuto do Índio: *Art. 7º Os índios e as comunidades indígenas ainda não integrados à comunhão nacional ficam sujeito ao regime tutelar estabelecido nesta Lei. § 1º Ao regime tutelar estabelecido nesta Lei aplicam-se no que couber, os princípios e normas da tutela de direito comum, independendo, todavia, o exercício da tutela da especialização de bens imóveis em hipoteca legal, bem como da prestação de caução real ou fidejussória. § 2º Incumbe a tutela à União, que a exercerá através do competente órgão federal de assistência aos silvícolas.*

O regime tutelar prevaleceu no Brasil até o advento da Constituição da República de 1988, que, em seu art. 232, reconheceu expressamente o direito ao índio, suas comunidades e organizações, de ingressar em juízo para a defesa de seus interesses. Tal dispositivo, ao conferir o poder de postular em juízo, alargou a capacidade indígena em grande medida.

A questão referente à tutela e emancipação indígena é matéria complexa e demanda uma cuidadosa análise a fim de se evitar cair em armadilhas. Note-se que durante o período ditatorial o Estado buscou a todo custo acelerar a emancipação indígena e a cessação do regime tutelar, a fim de promover a integração forçada das populações indígenas, com a redução do quantitativo de índios protegidos pela ação estatal, e facilitar o desenvolvimento das políticas econômicas de seu interesse[249].

De forma particular, aquele projeto de emancipação generalizada tinha um especial foco na disponibilização de terras ocupadas por comunidades indígenas em todo o país[250]. Nesse sentido, afirma Dalmo Dallari:

> A emancipação é o processo formal de reconhecimento de que um índio, ou uma comunidade indígena, já se

---

[249] "Tem-se falado muito, ultimamente, em acelerar a emancipação dos índios, notando-se claramente uma inversão nos dados do problema, pois em lugar de emancipar os efetivamente integrados à comunhão nacional o que se tem como resultado das propostas até aqui anunciadas é que se pretende emancipar para facilitar ou forçar a integração" (DALLARI, **O índio, sua capacidade jurídica e suas terras**, cit., p. 81). Cf. CNV, *op. cit.*, p. 213).

[250] Eduardo Viveiros de Castro, ao tratar do histórico do projeto governamental, construído durante o período da ditadura, que tratava da emancipação das comunidades indígenas, afirma: "Em primeiro lugar, é preciso lembrar que o interesse do Governo em tal medida reflete com límpida coerência, e consagra toda uma filosofia oficial a respeito do lugar e destino dos povos indígenas na sociedade nacional" (VIVEIROS DE CASTRO, Histórico. **Cadernos da Comissão Pró-Indio**, n. I: A questão da emancipação. Global Editora. São Paulo, 1979, p. 41).

> integrou à comunhão nacional. Por outras palavras, pela emancipação o índio deixa juridicamente de ser índio e, em consequência, livra-se da tutela especial e perde também o direito aos privilégios que a lei confere aos índios, entre eles o direito à posse da terra[251].

No entanto, o reconhecimento, na prática, da emancipação de toda uma comunidade indígena, nos termos do que dispõe o Estatuto do Índio, impunha uma série de trâmites formais que acabavam por dificultar sua efetivação. Dependia, tal reconhecimento, de expedição de decreto do Presidente da República e de prévio requerimento pela maioria dos membros da comunidade[252].

Nesse sentido, as conquistas garantidas pela Constituição da República aos índios na defesa de seus direitos devem ser vistas como uma prerrogativa que não exclui o dever de proteção do Estado brasileiro, sob pena de restar justificada a prática de políticas contrárias aos seus interesses, travestidas de uma dissimulada intenção de expansão de suas garantias, como ocorreu no período ditatorial[253].

Ainda que se considere ainda vigente o regime tutelar previsto no Estatuto do Índio, tal não pode ser reconhecido sob os mesmos pressupostos daquele instituto sob a perspectiva da legislação civilista, de direito privado. Assim é que corretamente tem sido reconhecido, por exemplo, a plena capacidade eleitoral do índio pelas

---

[251] DALLARI, **O índio, sua capacidade jurídica e suas terras,** *cit.*, p. 80. Cf. CNV, *op. cit.*, p. 223.

[252] Art. 11 da Lei 6.001/73.

[253] "Nesse conjunto de casos, temos uma ilustração clara do *modus operandi* do Estado brasileiro quando seu objetivo foi liberar terras indígenas para a colonização e para a realização de grandes empreendimentos. Vemos também como diversos povos indígenas foram atingidos por atos de exceção que caracterizaram a atuação do Estado brasileiro no período 1946-1988 e por ele punidos com a transferência e a remoção forçada para lugares distantes de seu local de ocupação tradicional" (CNV, *op. cit.*, p. 223). Cf. VIVEIROS DE CASTRO, *op. cit.*, p. 42.

autoridades competentes, independente do grau de integração e da ausência de fluência na língua portuguesa[254].

4.6 A CONSTITUIÇÃO DE 1988 E A CONSOLIDAÇÃO DOS DIREITOS INDÍGENAS

A Constituição da República de 1988 inaugurou um novo paradigma jurídico na proteção dos direitos indígenas. Pela primeira vez uma Constituição dedicou um capítulo inteiro com vistas a criar garantias às populações indígenas. Inaugurou um período de grandes expectativas de consolidação dos direitos dos povos indígenas[255].

Nas palavras de José Afonso da Silva:

> A Constituição de 1988 revela um grande esforço da Constituinte no sentido de preordenar um sistema de normas que pudesse efetivamente proteger os direitos e interesses dos índios. E o fez num limite bem razoável[256].

---

254 Cite-se, por exemplo, que a Resolução 23.274 do TSE, que em consulta sobre direito de índio não integrado em votar, reconheceu a não recepção do art. 5º, II, do Código Eleitoral, que impedia o alistamento como eleitor de quem não saiba se expressar na língua portuguesa. Entendeu o TSE que tal vedação não encontra respaldo no regime constitucional em vigor. Sustenta Carlos Marés de Souza Filho que: "Embora recepcionada, a norma do Estatuto do Índio é insuficiente" (SOUZA FILHO, **O renascer dos povos indígenas para o direito**, cit., p. 108).

255 Dalmo Dallari aponta para a grave deficiência na defesa dos direitos indígenas ao longo do tempo, em especial até a Constituição de 1988. Segundo afirma: "Até então [1988] essa defesa havia ficado na dependência das iniciativas do órgão federal incumbido do exercício da tutela indígena, a Fundação Nacional do Índio (FUNAI), que, além de ter sido escandalosamente omissa, muitas vezes promoveu e apoiou ações públicas e privadas contrárias aos direitos dos índios" (DALLARI, Dalmo de Abreu. Reconhecimento e proteção dos direitos dos índios. **Revista de Informação Legislativa,** Brasília, v. 111, ano 28. jul/set. 1991, p. 317. Disponível em: <http://www2.senado.leg.br/bdsf/item/id/175909>. Acesso em: 12 dez. 2015).

256 SILVA, José Afonso da, *op. cit.*, p. 853.

As garantias foram consolidadas na Constituição de 1988, em grande medida como resultado do trabalho de organização das populações indígenas, dos entes estatais e de organizações da sociedade civil voltados à sua proteção no período que antecedeu a sua aprovação[257].

Verifica-se, também, que importantes dispositivos positivados no Estatuto do Índio e demais legislações indígenas esparsas foram, posteriormente, absorvidos pela Constituição[258]. Por outro lado, a Constituição de 1988 é paradigmática ao romper, ao contrário de suas antecessoras, com a ideologia da integração do índio à sociedade majoritária[259].

---

257 A respeito da expressividade que passa a ganhar os movimentos sociais no Brasil no período anterior à Constituição de 1988, afirma Manuela Carneiro da Cunha: "No fim da década de 1970 multiplicam-se as organizações não governamentais de apoio aos índios, e no início da década de 1980, pela primeira vez, se organiza um movimento indígena de âmbito nacional. Essa mobilização explica as grandes novidades obtidas na Constituição de 1988, que abandona as metas e o jargão assimilacionistas e reconhece os direitos originários dos índios, seus direitos históricos, à posse da terra de que foram os primeiros senhores" (CUNHA, **História dos índios no Brasil**, cit., p. 17). No mesmo sentido, cf., CUNHA, **Índios no Brasil**, cit., p. 22. De acordo com José Eduardo Faria, em relação à formação desses movimentos sociais: "Na literatura especializada, esses atores constituem o que os cientistas sociais passaram a chamar, entre o final dos anos sessenta e início dos anos setenta, de 'novos movimentos sociais'. Até então, os movimentos coletivos eram por eles encarados como um modo peculiar de ação social; [...]" (FARIA, José Eduardo. **Justiça e conflito**: os juízes em face dos novos movimentos sociais. 2. ed., rev. e ampl. São Paulo: Revista dos Tribunais, 1992, p. 12). Sobre o papel de protagonismo das organizações civis na defesa de direitos fundamentais, inclusive na transformação dos entendimentos da Corte Constitucional, dentro do sistema de direito norte-americano, cf. COLE, David. **Engines of liberty**: the power of citizen activists to make constitutional law. New York: Basic Books, 2016, p. 152.

258 DALLARI, **Reconhecimento e proteção dos direitos dos índios**, cit., p. 317.

259 SOUZA FILHO, **O Renascer dos Povos Indígenas para o Direito**, cit., p. 55.

Merece realce a inovação trazida pela atual Constituição ao reconhecer a singularidade organizacional daqueles povos, com a existência de direitos coletivos, não individualizáveis, em favor das populações indígenas, e que demandam uma proteção sob uma perspectiva também coletivista[260]. Sobre o assunto, afirma Fernando Dantas:

> A Constituição de 1988, que reconheceu os direitos coletivos dos índios e suas respectivas organizações sociais, acertadamente, do ponto de vista antropológico, associa ao índio (pessoa) sua organização social (sociedade), como vimos anteriormente. O índio não existe isoladamente, a sua definição somente é possível no contexto de sua sociedade, de sua comunidade[261].

Especial destaque foi reservado no texto constitucional à proteção às terras tradicionalmente ocupadas pelas populações

260 "A partir da Constituição de 1988 passou a ser possível, no sistema jurídico brasileiro, reconhecer como coletivos alguns direitos, e ficou integrada ao ordenamento jurídico, definitivamente, esta nova classe de direitos, embora a doutrina e a jurisprudência ainda relutem em tratá-los por este nome e dar-lhes efetividade" (SOUZA FILHO, Carlos Frederico Marés de. Os direitos invisíveis. *In:* Paoli; Maria Célia; Oliveira, Francisco de (Org.). **Os sentidos da democracia:** políticas do dissenso e hegemonia global. Petrópolis: Vozes, 1999, p. 323).

261 "Finalmente, com a Constituição de 1988 houve um extraordinário avanço na defesa dos direitos dos índios e de suas comunidades. Alguns teóricos, especialmente juristas formados numa concepção tradicionalista e conservadora, consideram a questão indígena essencialmente política, pois entendem que tratar os índios e as comunidades indígenas como entidades autônomas é uma anomalia, devendo-se cuidar de sua rápida integração na sociedade brasileira e de enquadrá-los no sistema legal comum a todos os brasileiros. Para esses teóricos é absurdo 'jurisdicizar' a questão indígena. Essa posição, essencialmente preconceituosa, ignora o fato de que os índios têm direitos próprios afirmados e garantidos pela Constituição, além de terem todos os direitos comuns aos brasileiros" (DALLARI, **Terras indígenas**: a luta judicial pelo direito, cit., p. 36). Cf., também, DANTAS, Fernando Antônio de Carvalho. **As sociedades indígenas no Brasil e seus sistemas simbólicos de representação**, cit., p. 93.

indígenas[262], sobretudo tendo em vista a relevância que tal garantia possui na preservação daquelas culturas, no fortalecimento de sua identidade e na perpetuação daqueles grupos dentro da sociedade brasileira, protegidos de uma integração forçada e à revelia daqueles imediatamente atingidos[263].

No intuito de evitar que o comando constitucional que exige a demarcação das terras indígenas fosse esvaziado de seu sentido e impositividade em relação ao Estado, a Constituição da República, no art. 67 dos Atos das Disposições Constitucionais Transitórias, impõe que o processo de demarcação deveria ter sido concluído em até cinco anos após a sua promulgação. Entretanto, a determinação, mais de duas décadas após o prazo limite (1993), continua, ainda hoje, pendente de plena efetivação ante a grande quantidade de terras indígenas a serem demarcadas.

A legitimidade processual garantida aos indígenas, suas comunidades e organizações, no texto constitucional (art. 232), para ingresso em juízo na defesa de seus direitos e interesses foi uma inovação de grande relevância, ao permitir que os povos indígenas possam agir diretamente perante os tribunais e juízos, independente da atuação dos órgãos e entes públicos voltados à promoção de políticas indigenistas, que, como já demonstrado, atuaram, em diversos momentos históricos, de forma ineficiente ou até mesmo contrária a seus interesses.

Com base nessa garantia constitucional e diante do alto grau de organização jurídica dos povos indígenas no Brasil, vê-se, cada vez mais presente, a atuação indígena em juízo, inclusive para apontar nulidades em ações possessórias e em que se discute a titularidade de terras já demarcadas ou em vias de demarcação. Sobre o tema, importante apontar que o Supremo Tribunal Federal tem referendado entendimento de que a não participação da comunidade indígena em ação judicial de seu interesse pode representar motivo para sua anulação.

262 "O art. 231 da CF fala em *direitos originários sobre as terras que tradicionalmente ocupam*. Trata-se de direitos subjetivos, *reconhecidos* (...). Ao *reconhecê-los*, não os cria, mas os aceita tal como preexistiam" (FERRAZ JUNIOR, *op. cit.*, p. 692).

263 CUNHA, **História dos índios no Brasil**, cit., p. 20.

Nesse sentido é o entendimento que restou adotado na Ação Cível Originária (ACO) 2.323, em que o STF permitiu o ingresso da comunidade Guarani Mbya e Nhandeva na ação judicial, como parte[264].

Destaca-se importante fundamento daquela decisão monocrática proferida pelo Ministro Alexandre de Moraes:

> [...] Em prestígio ao princípio da efetividade da jurisdição e para buscara razoável duração do processo, reconsidero a decisão agravada tão-somente no ponto em que analisou o pedido de intervenção de terceiro.
>
> Como destacado na decisão hostilizada, não se negou à agravante, Comunidade Indígena, interesse jurídico no deslinde desta ação, na medida em que, na condição de entidade representativa dos índios em tese possuidores da área objeto do procedimento demarcatório, se sujeitará diretamente dos efeitos da tutela jurisdicional perseguida. E, neste contexto, afigurou-se mais adequada e suficiente sua intervenção na condição de assistente, a quem se garante desempenhar as mesmas faculdades processuais da parte assistida, tal como previsto no artigo 121 do CPC que assim dispõe:
>
> 'Art. 121. O assistente simples atuará como auxiliar da parte principal, exercerá os mesmos poderes e sujeitar-se-á aos mesmos ônus processuais que o assistido. Parágrafo único. Sendo revel ou, de qualquer outro modo, omisso o assistido, o assistente será considerado seu substituto processual.'
>
> No entanto, esta Suprema Corte, em caso similares e que também envolvem a legalidade de procedimentos demarcatórios de terras indígenas, tem admitido a intervenção destas entidades representativas de comunidades indígenas como litisconsortes, conforme se infere dos seguintes

264 STF, ACO 2323, Relator Ministro Alexandre de Moraes, DJE nº 32, divulgado em 15 de fevereiro de 2019. Citem-se, no mesmo sentido, os seguintes julgados: MS 33.922, Rel. Min. EDSON FACHIN, DJe de 25/2/2016; MS 28.541, Rel. Min. MARCO AURÉLIO, DJe de 05/11/2018; e MS 28.574, Rel. Min. MARCO AURÉLIO, DJe de 18/12/2018; e AR 2756, Rel. Min. Carmén Lúcia, DJe de 24/03/2019.

> precedentes: MS 33.922, Rel. Min. EDSON FACHIN, DJe de 25/2/2016; MS 28.541, Rel. Min. MARCO AURÉLIO, DJe de 05/11/2018; e MS 28.574, Rel. Min. MARCO AURÉLIO, DJe de 18/12/2018, do qual destaco o seguinte trecho da decisão: "2. Ante a situação jurídica da requerente, passível de ser alcançada por decisão caso acolhido o pedido inicial neste mandado de segurança, há o interesse em participar da relação processual como parte passiva." Assim, para que seja conferida uniformidade no processamento destas ações, acolhe-se o pedido de ingresso da Comunidade Indígena Guarani Morro dos Cavalos na condição de litisconsorte no polo passivo da relação processual.
>
> [...]

Outra importante inovação constitucional consiste na atribuição ao Ministério Público da função de defesa judicial dos direitos e interesses das populações indígenas, prevista no art. 129, V, da Constituição da República. Com essa legitimação constitucional, os povos indígenas passaram a contar com mais uma instituição em favor da defesa de seus direitos.

A demarcação das terras indígenas tem como principal finalidade declarar e aclarar os limites da ocupação indígena, permitir a defesa da área pelos índios interessados e órgãos e entes competentes perante terceiros, em especial na esfera judicial. Por outro lado, cumpre ressaltar que a Constituição reconhece que o direito originário à terra ao índio decorre diretamente e tão somente de sua ocupação tradicional. Portanto, a demarcação não constitui direito novo, mas, apenas, reconhece a existência daquela ocupação tradicional[265].

O regime constitucional inaugurado em 1988 trouxe, assim, importantes alterações de concepções jurídicas acerca dos povos indígenas[266]. A garantia ao seu direito de permanecer indígena

---

[265] DALLARI, **Terras indígenas**: a luta judicial pelo direito, cit., p. 32.

[266] SOUZA FILHO, **O renascer dos povos indígenas para o direito**, cit., p. 165. "O reconhecimento de que essa tragédia seria inevitável, a par do

e a correspondente obrigação do Estado em manter as condições para tanto romperam com a tradição assimilacionista das constituições anteriores[267].

Em que pese a constitucionalização de importantes direitos em favor dos índios, são vários os desafios à sua concretização e para sua garantia doravante, especialmente em razão das dificuldades de implementação das políticas determinadas pela Constituição e demais normas infraconstitucionais sobre o tema[268].

Apesar dos problemas e dificuldades, é inegável que a mudança de paradigma constitucional de defesa dos direitos indígenas e a exigibilidade de sua garantia perante o poder público foi fator relevante para possibilitar a consolidação do crescimento das populações indígenas no Brasil, e que permitiu que o total de índios no Brasil em 2010, de acordo com dados oficiais, tenha ultrapassado o total de 800 mil, ou seja, uma população somente existente nos primeiros séculos de colonização[269].

compromisso humanista de grande número de constituintes, inspirou a expressa e clara afirmação dos direitos dos índios na Constituição brasileira de 1988. A ênfase nesses direitos, com a força de normas constitucionais, é um fator novo e poderoso na proteção da pessoa do índio e das comunidades indígenas" (DALLARI, **Terras indígenas: a luta judicial pelo direito**, cit., p. 34).

267 SOUZA FILHO, *op. cit.*, p. 165.

268 *Ibid.*, p. 76. De acordo com Paulo Santilli, um dos graves problemas na implementação das políticas públicas previstas na Constituição de 1988 doravante decorre da postura de reação dos grupos de interesses atingidos por aqueles avanços (SANTILLI, Paulo. O futuro nos laudos antropológicos. *In:* Oliveira, João Pacheco de *et al.* (Org.). **Laudos antropológicos em perspectiva**. Brasília: ABA, 2015, p. 91). Sobre o surgimento de novas legislações protetivas dos direitos dos povos indígenas nos países da América Latina e os consequentes problemas para sua efetivação, vide PLANT, Roger. O estado de direito e os não-privilegiados na América Latina: uma perspectiva rural. *In:* MÉNDEZ, Juan E.; O'DONNELL, Guillermo; PINHEIRO, Paulo Sérgio (Org.). **Democracia, violência e injustiça**: o não estado de direito na América Latina. São Paulo: Paz e Terra, 2000. p. 106.

269 IBGE. **O Brasil indígena**. Disponível em: <http://indigenas.ibge.gov.br/graficos-e-tabelas-2.html>. Acesso em: 20 abr. 2016.

5

PROTEÇÃO INTERNACIONAL AOS DIREITOS INDÍGENAS

O período posterior à 2ª Guerra Mundial inaugurou um estágio nunca antes alcançado de organização no âmbito da comunidade internacional, com a criação da ONU em 1945 e, na sequência, a Declaração Universal dos Direitos do Homem, em 1948[270] e outros documentos de defesa dos direitos e dignidade em favor do indivíduo se seguiram nas décadas seguintes.

Passou-se a reconhecer, a partir daquele período, a necessidade de se proteger a existência digna do ser humano, independentemente do ordenamento jurídico de direito interno a que estivesse vinculado o indivíduo ou ainda que não se estivesse protegido por nenhum Estado.

---

[270] Acerca do histórico e os principais instrumentos de proteção dos direitos indígenas, vide BERNARDO, Leandro Ferreira. A declaração das nações unidas sobre os direitos dos povos indígenas e os direitos humanos, direitos humanos e socioambientalismo. *In:* **Os direitos dos povos indígenas no Brasil:** desafios no século XXI. Souza Filho, Carlos Frederico Marés de; Bergold, Raul Cezar (Org.). Curitiba: Letra da Lei, 2013, p. 59-74.

Dentro da evolução do direito internacional dos direitos humanos houve uma clara evolução no sentido de produção de normas protetivas, não somente voltadas a indivíduos, mas também a grupos minoritários dentro dos territórios locais. Nesse contexto, a questão indígena não escapou à preocupação da comunidade internacional[271].

Paradigmática foi, neste contexto de evolução dos direitos humanos no âmbito internacional, a aprovação, pela Organização Internacional do Trabalho, da Convenção 107, em 1957, que dispôs sobre a "proteção e integração das populações indígenas e outras populações tribais e semitribais de países independentes"[272].

Posteriormente, a Convenção foi substituída pela de número 169, que dispõe sobre povos indígenas e tribais e que ainda está em vigor. O documento previu, por exemplo, a necessidade de se realizar ações tendentes a proteger os direitos desses povos e a garantir o respeito pela sua integridade (art. 2º)[273]. Referida convecção conta com 22 países signatários, dentre os quais se inclui o Brasil[274].

---

[271] "Em nível global, as bases da teoria dos direitos humanos estão sendo abaladas, pois são cada vez mais questionadas por tradições culturais diversas, especialmente a partir da conferência mundial de Viena sobre os direitos humanos, em 1993. As minorias reivindicam seus direitos culturais à própria identidade e autodeterminação, apontando para uma contradição dos direitos humanos apanhados entre tendências universalistas e relativistas. Como é possível resolver o impasse do paradigma universalismo/relativismo e desenvolver uma abordagem pluralista dos direitos humanos? Como podem os direitos humanos ser transformados em um símbolo verdadeiramente compartilhado por todas as culturas? Se tivermos em mente o fato de que, nos contextos ocidentais, eles são apenas mais ou menos respeitados, também precisaremos abordar a questão de como avançar de uma teoria dos direitos humanos para sua práxis. Seria o caso de termos de repensar nosso conceito de direitos humanos, e do próprio direito?" (EBERHARD, Christoph. Para uma teoria jurídica intercultural: o desafio dialógico. **Revista Direito e Democracia,** Universidade Luterana do Brasil – Ciências Jurídicas, Canoas: Ed. ULBRA, v. 3, n. 2. 2002, p. 492).

[272] SOUZA FILHO, **O renascer dos povos indígenas para o direito**, cit., p. 70.

[273] ARAUJO, Ana Valéria; LEITÃO, Sergio. Socioambientalismo, direito internacional e soberania. *In:* SILVA, Letícia Borges; OLIVEIRA, Paulo Celso da. **Socioambientalismo:** uma realidade. Curitiba: Juruá. 2007, p. 35.

Outros documentos aprovados por órgãos internacionais multilaterais também abordaram a temática, ainda que marginalmente. Exemplo disso é a Convenção Sobre Diversidade Biológica, que, em que pese o fato de tratar fundamentalmente da questão ambiental, reconhece em seu preâmbulo a imprescindibilidade de se proteger a existência das populações indígenas e de suas formas de vida tradicionais para a manutenção do meio ambiente[275].

Em grande medida, influenciados pela tendência no direito internacional dos direitos humanos em regular e proteger grupos específicos, tais como os indígenas, os ordenamentos jurídicos internos de vários países passaram a abordar temáticas congêneres em seu âmbito de direito interno, aspecto que acabou por contribuir, ainda mais, para uma maior efetividade daqueles direitos fundamentais[276].

Acerca dos motivos que levaram à criação de convenção no âmbito da OIT (inicialmente a convenção 107, em 1957, posteriormente substituída pela Convenção 169, de 1989), afirma Dalmo Dallari que: "Já, então, o relacionamento dos índios e grupos tribais com as sociedades de não índios vinha ganhando grande intensidade. Muitos índios passavam a trabalhar, em caráter individual ou mediante o envolvimento de suas comunidades, em atividades econômicas do interesse dos Estados em cujos territórios eles tradicionalmente viviam. Foi por essa razão que a OIT julgou necessária uma Convenção, de âmbito internacional e comprometendo individualmente cada Estado que a inserisse em seu direito positivo, fixando regras sobre o aproveitamento da força de trabalho dos trabalhadores indígenas" (DALLARI, **Reconhecimento e proteção dos direitos dos índios**, cit., p. 315). Cf. SOUZA FILHO, **O renascer dos povos indígenas para o direito**, cit., p. 74.

274 ILO - INTERNATIONAL LABOUR ORGANIZATION. **International labour standards. Convention No. C169.** Disponível em: <http://www.ilo.org/ilolex/english/convdisp1.htm>. Acesso em: 16 mai. 2016.

No Brasil a convenção foi ratificada através do Decreto Legislativo n. 143/2002, passando a vigorar no ano seguinte.

275 Referida Convenção foi aprovada, no plano internacional, em junho de 1992, na Conferência das Nações Unidas para o Meio Ambiente e o Desenvolvimento, ocorrida no Rio de Janeiro. A convenção foi promulgada no plano interno pelo Decreto 2.519/98.

276 No Brasil, em um rápido olhar sobre os diversos diplomas produzidos, e sem a mínima intenção de esgotá-los, podemos apontar a legislação protetora da

No âmbito das Nações Unidas, mais recentemente, em 13 de setembro de 2007, por meio da resolução 61/295, foi aprovada a Declaração Universal dos Direitos dos Povos Indígenas. O documento se soma àqueles anteriormente existentes na busca da consolidação dos direitos das populações autóctones no mundo.

No campo regional de proteção dos direitos humanos, observa-se que a Organização dos Estados Americanos (OEA) tem construído normas de direito internacional que se mostram altamente relevantes na proteção dos direitos indígenas e que muito têm contribuído para o aprofundamento do conhecimento sobre os desafios enfrentados por esses povos nas Américas. Mais recentemente, em junho de 2006, foi aprovado no âmbito da OEA, a Declaração Americana sobre os Direitos dos Povos Indígenas, após mais de 17 anos de duração do processo de sua elaboração[277].

O sistema constitucional pátrio avançou no reconhecimento dos direitos humanos pelos órgãos internacionais de que participa, ao aprovar a Emenda Constitucional 45, de 2004, e que inseriu o § 3º no art. 5º do texto constitucional, que prevê a equivalência dos tratados e convenções de diretos humanos à norma constitucional, desde que, em sua aprovação sejam atingidas as formalidades para aprovação de emenda constitucional – três quintos em duas votações em cada casa do Congresso Nacional.

Para imprimir maior eficácia aos direitos humanos na comunidade internacional despontam com grande relevância os órgãos fiscalizadores e tribunais internacionais ou regionais de direitos

criança e do adolescente, do idoso, do deficiente, da mulher, à pessoa sujeita à condição de miserabilidade e do consumidor.

277 OEA – ORGANIZAÇÃO DOS ESTADOS AMERICANOS. **Apoyando la elaboracion del proyecto de declaración Americana sobre los derechos de los pueblos indígenas.** Disponível em: <http://www.oas.org/es/sla/ddi/pueblos_indigenas_apoyo_elaboracion_proyecto_declaracion.asp>. Acesso em: 27 mai. 2016. Em 1999 a OEA instituiu grupo de trabalho encarregado de elaborar projeto de uma Declaração americana sobre os direitos dos povos indígenas, que até hoje não foi implementada. Cf. ARAUJO e LEITÃO, **Socioambientalismo, direito internacional e soberania**, cit., p. 37.

humanos, como espaços de declaração e reconhecimento dos valores e dos objetivos a serem seguidos pelos países, bem como como aplicadores de sanções a Estados e indivíduos violadores daqueles valores e objetivos[278].

No âmbito regional americano, cite-se os órgãos integrantes do Sistema Americano de Direitos Humanos, criados no âmbito da Organização dos Estados Americanos e que têm como órgãos fundamentais a Comissão Interamericana de Direitos Humanos e a Corte Interamericana de Direitos Humanos.

O Congresso Nacional brasileiro editou, em 03 de dezembro de 1998, o decreto Legislativo 89/98, que reconhece a competência obrigatória da Corte Interamericana de Direitos Humanos em todos os casos relativos à interpretação ou aplicação da Convenção Americana de Direitos Humanos para fatos ocorridos a partir do reconhecimento, de acordo com o previsto no parágrafo primeiro do art. 62 daquele instrumento internacional.

Interessante observar que vários países submetidos à jurisdição da Corte têm sido condenados por violações de direitos indígenas em seus territórios, sobretudo em razão da negativa, no âmbito local, de garantia do direito à terra, garantia tal prevista na Convenção Americana de Direitos Humanos (art. 21)[279].

---

278 BERNARDO, Leandro Ferreira. O Brasil e a corte interamericana de direitos humanos: uma análise das condenações sofridas pelo Brasil na corte interamericana de direitos humanos e do seu cumprimento. *In:* Bernardo, Leandro F.; ALTHAUS, Ingrid G. (Org.). **O Brasil e o sistema interamericano de proteção dos direitos humanos.** São Paulo: Iglu, 2011.

279 CORTE INTERAMERICANA DE DIREITOS HUMANOS. **Caso *Pueblos Kaliña y Lokono vs. Surinamem.*** Disponível em: <http://www.corteidh.or.cr/docs/casos/articulos/resumen_309_esp.pdf>. Acesso em: 16 maio 2016. O caso "*Pueblos Kaliña y Lokono vs. Surinamem*" representa o último caso levado a julgamento pela Corte e que reconheceu a omissão do Suriname na proteção dos direitos territoriais dos povos Kaliña e Lokono e, consequentemente, determinou, dentre outras coisas, o reconhecimento da personalidade jurídica daqueles povos e a delimitação e demarcação das terras em favor daqueles grupos.

Perante a Comissão Interamericana de Direitos Humanos o Brasil já restou considerado como violador de direitos indígenas, como no caso do povo indígena Xucuru, localizado no município de Pesqueira/PE, diante da constatação de demora no processo de demarcação de suas terras, que teria durado de 1989 a 2005 e, mesmo após tal finalização, não teria ocorrido a desintrusão da área por não indígenas[280].

No relatório da Comissão é constatada como uma causa relevante em tal processo a existência de ações judiciais que tinham por objetivo a discussão da posse, titularidade ou nulidade do processo administrativo de demarcação e é reconhecido que a pendência de algumas dessas ações sem julgamento final dificultam o processo de desintrusão:

> [...] a CIDH conclui que a duração das ações judiciais apresentadas por ocupantes não indígenas do território indígena Xucuru, para as quais não existe uma resolução definitiva há mais de 20 e 10 anos, respectivamente, não é compatível com o princípio do prazo razoável. Em consequência, a Comissão considera que o Estado é responsável pela violação do artigo 8.1 da Convenção Americana, em relação com o artigo 1.1 do mesmo instrumento, em prejuízo do povo indígena Xucuru e seus membros no que tange às duas ações judiciais interpostas por ocupantes não indígenas.

O relatório, ainda nesse caso, adentra no mérito de decisões judiciais, como aquela proferida pelo STJ e contrária ao povo Xucuru e que acata a já referida tese do "marco temporal" para reconhecimento da ocupação tradicional indígena:

> À CIDH não lhe passa desapercebido, por fim, sobre as decisões já emitidas na ação de reintegração de posse apresentada em 1992, que seu conteúdo parece ser

---

[280] COMISSÃO INTERAMERICANA DE DIREITOS HUMANOS. Caso **"Povo indígena Xucuru e seus membros *versus* Brasil"**. Disponível em: <http://www.oas.org/es/cidh/decisiones/corte/2016/12728FondoPt.pdf>. Acesso em: 02 fev. 2017.

> incompatível com os parâmetros recapitulados neste relatório de mérito sobre os direitos territoriais dos povos indígenas. Com efeito, a decisão do STJ de 6 de novembro de 2007, ao fazer referência e confirmar a sentença de primeira instância a favor dos ocupantes não indígenas indica que, "no presente caso, existem documentos comprovando que, em 1885, [o antepassado do autor] adquiriu as terras do atual Sítio Caípe. [...] Portanto, em 1885 as terras guerreadas já pertenciam aos ancestrais do autor varão". Ainda, essa decisão do STJ estabeleceu que, "na realidade, [...] a proteção constitucional aos índios iniciou-se com a promulgação da Constituição Federal de 1934, e, nessa data, as terras já estavam há muito tempo sendo ocupadas pelos antepassados dos recorridos" 99. A CIDH observa que este argumento é incompatível com a noção consolidada internacionalmente de que os direitos territoriais dos povos indígenas derivam de seu uso e ocupação históricos e não do reconhecimento formal por parte dos Estados.

Após as conclusões da Comissão, essa submeteu o caso a julgamento pela Corte Interamericana, buscando a condenação do Estado brasileiro pelas violações de direitos humanos no caso anteriormente exposto e a Corte, por sua vez, condenou o Brasil, pelos fatos previamente apontados, em decisão proferida em 05 de fevereiro de 2018, a, dentre outras coisas, garantir o direito de propriedade coletiva do povo Xucuru no prazo de 18 meses, concluir o processo de saneamento do território, pagar indenização pelos danos causados pela demora na demarcação da terra[281].

A condenação do Brasil pela Corte Interamericana de Direitos Humanos tem grande relevância, à medida que é a primeira sofrida em uma corte internacional por violação de direitos de povos indígenas e escancara uma grave falha na execução das políticas públicas indigenistas.

[281] CORTE INTERAMERICANA DE DIREITOS HUMANOS. Caso "**Povo indígena Xucuru e seus membros vs. Brasil**". Disponível em: http://www.corteidh.or.cr/casos.cfm. Acesso em: 17 maio 2020.

6

DESAFIOS CONTEMPORÂNEOS À PROTEÇÃO TERRITORIAL DOS POVOS INDÍGENAS

Cumpre contextualizar a realidade indígena, na atualidade, diante de presentes desafios, alguns recorrentes e outros que representam verdadeira novidade, e que trazem graves dificuldades à proteção de suas terras e, consequentemente, ao seu pleno desenvolvimento dentro da sociedade brasileira.

Digno de nota destacar a existência de grande cobiça sobre as terras indígenas, uma vez que abrangem cerca de 13% do total do território brasileiro. Desse total, cerca de 98,5% das terras indígenas está localizada na Amazônia Legal, em áreas que se constatam altíssimos níveis de preservação ambiental (98%)[282].

---

282 SANTILLI, Marcio & VALLE, Raul do. **Muita terra para pouco fazendeiro**. Disponível em: https://www.socioambiental.org/pt-br/blog/blog-do-isa/muita-terra-para-pouco-fazendeiro. Acesso em: 10 de jun. 2020. De acordo com o texto citado, enquanto as terras indígenas (13% do território) são ocupadas por cerca de 520 mil indígenas, os 67 mil maiores proprietários rurais concentram uma área superior a 72% às terras indígenas, aspecto que revela a falácia que representa dizer que no Brasil "há muita terra para pouco índio". No mesmo sentido, apontando para a grave concentração de terras em favor

6.1 O DESAFIO DO DESENVOLVIMENTISMO ECONÔMICO

A proteção indígena tem encontrado, especialmente nas últimas décadas, graves entraves de conciliação com a promoção e fomento a políticas de desenvolvimento econômico nacional. O projeto desenvolvimentista levado a cabo no país tem exigido, necessariamente, a utilização de recursos naturais de forma predatória e, em razão das grandes evoluções tecnológicas atingidas nos últimos períodos, torna-se possível o atingimento de áreas cada vez mais amplas, de forma desordenada e espoliadora.

A mecanização da agropecuária tem permitido a exploração de largas faixas de territórios e tem trazido graves impactos ao meio ambiente e às populações do campo que não detêm o poderio econômico ou acesso às tecnologias mais avançadas, tais como os pequenos agricultores, as populações tradicionais, os quilombolas e os indígenas[283].

A política desenvolvimentista adotada no período ditatorial ainda é muito presente no pensamento da elite política dentro do Estado e, da mesma forma que se deu àquela época, a forma atual de garantir sua implementação passa, em várias situações fáticas, pelo desrespeito aos direitos das populações indígenas[284].

---

de poucos produtores rurais, estudo da OXFAM Brasil de 2019 aponta que 0,9% dos estabelecimentos rurais concentram cerca de 45% do total das áreas rurais no país (OXFAM Brasil. **Menos de 1% das propriedades agrícolas é dona de quase metade da área rural brasileira**. Disponível em: https://www.oxfam.org.br/publicacao. Acesso em: 10 de jun. 2020).

283 DERANI, Cristiane. **Direito ambiental econômico.** São Paulo: Saraiva, 2008, p. 124. Cf. RIBEIRO, **Os índios e a civilização**: a integração das populações indígenas no Brasil moderno, cit., p. 380).

284 BRIGHENTI, *op. cit.*, p. 23. "A tese central deste livro é que as doenças, a morte e o sofrimento humano, que se desencadearam maciçamente sobre os índios brasileiros nos últimos anos, são o resultado direto da política de desenvolvimento econômico dos governos militares do Brasil. Em termos mais genéricos, pretendo demonstrar que a situação atual dos índios brasileiros se vincula estruturalmente ao 'milagre econômico' do Brasil, muito aclamado, mas pouco conhecido" (DAVIS, Shelton. **Vítimas do milagre**, cit., p. 15).

A área ligada à infraestrutura é questão preponderante nesse projeto desenvolvimentista, com a construção e ampliação de rodovias, ferrovias, usinas e a exploração de campos petrolíferos, a fim de garantir maiores condições de desenvolvimento da indústria e do agronegócio no país, maximizando os ganhos do capital.

Questão que tem impactado diretamente as populações indígenas diz respeito à busca de expansão, iniciada no período ditatorial[285], da produção de energia por meio de construção de novas usinas hidrelétricas em todo o país. De pequenas centrais a grandes projetos, as consequências que geram às populações indígenas no entorno são o alagamento de áreas agricultáveis, o sumiço de peixes e a inviabilização da manutenção daquelas comunidades, que, a partir daí, são obrigadas a se deslocar para novas áreas.

Atualmente, representante maior desse processo desenvolvimentista nacional aplicado à produção de energia e que traz graves impactos a comunidades indígenas consiste na construção das usinas de Belo Monte, localizada na bacia do rio Xingu, no estado do Pará, Santo Antônio e Jirau, essas no Rio Madeira, no estado de Rondônia[286].

285 "[...] os projetos hidrelétricos implantados durante o regime militar tinham tido consequências socioambientais desastrosas" (SANTOS, Sílvio Coelho dos. Hidrelétricas e suas consequências socioambientais. *In:* Verdum, Ricardo et al. (Org.). **Integração, usinas hidroelétricas e impactos socioambientais.** Brasília: INESC, 2007, p. 44). De acordo, ainda, com Betty Laffer: "Talvez não seja apenas coincidência o aparecimento quase simultâneo de uma série de projetos econômicos destinados a comunidades indígenas. É principalmente entre 1975 e 1977 que, nas mais variadas formas, se imaginam ou se implantam efetivamente pequenos programas de desenvolvimento econômico" (LAFER, Betty Mindlin. A nova utopia indígena: os projetos econômicos. *In:* **Antropologia e indigenismo na América Latina**. Junqueira, Carmen; Carvalho, Edgard de A. (coord.). São Paulo: Cortez, 1981, p. 19). Cf. BRIGHENTI, *op. cit.*, p. 20.

286 *Ibid.*, p. 25. Cf. OLIVEIRA, João Pacheco de; COHN, Clarice (Orgs.). **Belo Monte e a questão indígena.** Brasília-DF: ABA, 2014.

Por seu turno, os conhecimentos tradicionais adquiridos pelas comunidades indígenas ao longo de milênios atraem grande interesse de grandes grupos econômicos mundiais, em especial ligados ao ramo farmacêutico. O domínio de tais conhecimentos e a sua exploração comercial são tidos como uma grande ameaça para os povos indígenas[287].

Nesse contexto complexo, áreas de grande importância socioambiental passam a estar sujeitas a riscos constantes apresentados pelo poder econômico. É o caso, em especial, da Floresta Amazônica, que é a região que mais sofre em decorrência de tentativas de avanço das fronteiras produtivas[288].

O projeto desenvolvimentista ganha maior relevo quando inserido em um contexto de intensificação do tráfego econômico em nível global, como se constata na atualidade, com a submissão à pressão de grandes grupos econômicos estrangeiros, muitas vezes patrocinados pelos Estados de origem. Nesse cenário, a proteção socioambiental resta gravemente vulnerada[289].

A pressão exercida pelos grupos de interesses econômicos, seja de governos, seja de particulares – nacionais ou estrangeiros –, tem buscado influenciar na mitigação da proteção estatal sobre os direitos indígenas, a fim de permitir o desenvolvimento sob uma perspectiva economicista e aumentar cada vez mais a concentração de renda. São exemplos mais flagrantes da eficácia dessa estratégia a redução ou a paralisação dos processos demarcatórios por omissão da administração pública ou em decorrência de ações judiciais ajuizadas por

---

287 CUNHA, **Índios no Brasil**, cit., p. 134.

288 "A Amazônia brasileira é uma área geográfica de tamanha vastidão que parques e reservas indígenas poderiam ter sido protegidos sem estorvar o desenvolvimento nacional do Brasil. Uma das razões por que essas áreas indígenas foram criadas, mas depois não protegidas está, creio eu, no 'modelo de desenvolvimento' específico que está sendo adotado pelo Governo do Brasil" (DAVIS, Shelton, **Vítimas do milagre**, cit., p. 12). Cf. CUNHA, **Índios no Brasil**, cit., p. 13.

289 DALLARI, **Terras indígenas**: a luta judicial pelo direito, cit., p. 31.

representantes do agronegócio, a busca de criação de novas leis ou a revogação de leis já existentes, de caráter mais protetivo[290].

Nos últimos anos tem ocorrido uma clara redução na quantidade de demarcações por parte do poder público federal. Assim, apenas a título ilustrativo, nota-se que o primeiro governo da presidente Dilma Rousseff, findado em dezembro de 2014, homologou menos processos demarcatórios de terras indígenas do que os seis governos anteriores, desde 1985[291]. Nos anos seguintes a sorte dos povos indígenas não foi melhor, com um resultado de poucas demarcações concluídas[292].

No âmbito legislativo, várias são as ameaças no caminho da proteção dos direitos indígenas[293]. Tramita no Congresso Nacional,

---

290 "Um dos efeitos dessa política é o recrudescimento das investidas contra os direitos constitucionais das comunidades indígenas. Associando-se o poder econômico, o governo e poderosos meios de comunicação de massa, procura-se disseminar uma imagem de injustiça, dizendo-se, com insistência, que existem 'poucos índios para muitas terras' e que isso não é justo quando milhões de brasileiros não conseguem um lugar para se estabelecerem com suas famílias. A par disso, alega-se que será mais conveniente para todo o povo entregar as terras indígenas a empresas que promovam a produtividade econômica dessas terras, criando riqueza e fazendo 'aumentar o bolo', que depois será distribuído em benefício de todo o povo" (*Ibid.*, p. 31).

291 ISA. **Demarcações nos últimos seis governos.** Disponível em: <https://pib.socioambiental.org/pt/c/0/1/2/demarcacoes-nos-ultimos-governos>. Acesso em: 18 maio 2016.

Segundo o relatório do ISA, enquanto ocorreram apenas 11 homologações no período do 1° governo da presidente Dilma (2011-2014), foram homologadas nos dois mandatos do presidente Lula (2003/2006 e 2007/20010), respectivamente, 66 e 21 demarcações de terras indígenas. No primeiro mandato do presidente Fernando Henrique Cardoso (1995-1998) foram homologadas 114 demarcações e no segundo mandato (1999 a 2002) 31.

292 ISA. **Com pior desempenho em demarcações desde 1985, Temer tem quatro Terras Indígenas para homologar.** Disponível em: **<https://www.socioambiental.org/pt-br/noticias-socioambientais/com-pior-desempenho-em-demarcacoes-desde-1985-temer-tem-quatro-terras-indigenas-para-homologar>**. Acesso em: 18 maio 2020.

293 "A ordem social brasileira, fundada no latifúndio e no direito implícito de ter e manter a terra improdutiva, é tão fervorosamente defendida pela

por exemplo, a Proposta de Emenda à Constituição nº 215/2000, que torna competência exclusiva do próprio Congresso a aprovação de futuras demarcações de terras indígenas, bem como a ratificação das homologações já realizadas pelo poder executivo federal. A PEC, que já foi aprovada pela Comissão de Constituição e Justiça e Cidadania da Câmara dos Deputados, representa um grande risco à defesa dos direitos das populações indígenas e uma clara demonstração da existência de grandes forças refratárias àquela garantia.

Outros projetos atualmente em debate no Congresso atentam, direta ou indiretamente, contra a proteção dos direitos indígenas, em uma clara tentativa de limitação de obrigações estatais garantidoras da pauta socioambiental, a fim de se privilegiar interesses econômicos, tal como o Projeto de Emenda Constitucional 65, de 2012, que propõe acrescentar novo parágrafo ao art. 225 da Constituição para flexibilizar a necessidade de licenciamento ambiental para a execução de obra.

Digno de nota a recente formação, dentro da Câmara dos Deputados da Comissão Parlamentar de Inquérito FUNAI-INCRA, que, criada em 2016, foi finalizada com a entrega de relatório final em sentido fortemente crítico à atuação daqueles entes. Em resumo, o relatório, aprovado pela CPI, traz preocupantes proposições, tais como o indiciamento de diversas pessoas ligadas à defesa dos direitos indígenas, a reformulação das entidades estatais, a aprovação de legislações que melhor refletissem os interesses dos não indígenas afetados pelas políticas indigenistas, dentre outras medidas[294].

Os indígenas continuam vulneráveis a invasões de suas terras realizadas por pessoas e grupos interessados nas mais diversas

classe política e pelas instituições do governo que isso se torna impraticável. É provável que a União Democrática Ruralista (UDR), que representa os latifundiários no Congresso, seja o mais poderoso órgão do Parlamento" (RIBEIRO, Darcy. **O povo brasileiro**, cit., p. 185).

294 BRASIL. Congresso Nacional. Câmara dos Deputados. Comissão Parlamentar de Inquérito. **Relatório Final da Comissão Parlamentar de Inquérito FUNAI-INCRA 2**. Disponível em: <http://www.camara.leg.br/internet/comissoes/comissoes-especiais/CPI/>. Acesso em: 23 maio 2017.

espécies de exploração: agropecuária, mineral, ou madeireira[295], muitas vezes com a conivência de órgãos e entes públicos que deveriam zelar pela sua segurança e que culminam com a sua expulsão do campo e precarização de sua condição social[296].

Outra tentativa de alteração legislativa recente trouxe graves preocupações. Trata-se da Medida Provisória 910, de 10 de dezembro de 2019, e que tinha por finalidade a regularização de ocupações em áreas públicas federais. Dentre vários aspectos discutíveis, a referida Medida Provisória permitia a regularização fundiária para imóveis de até 15 módulos fiscais com base na autodeclaração do interessado, e independente de vistoria pelos órgãos públicos. Permitia, também, a aquisição de extensas áreas - de até 2.500 hectares (art. 3º). Tal medida perdeu sua eficácia após não ser aprovada pelo Congresso Nacional dentro do prazo constitucional previsto (120 dias).

Entretanto, ante a não aprovação da referida Medida Provisória, foi apresentado na Câmara dos Deputados, em 14 de maio de 2020, Projeto de Lei PL 2.633/2020, com conteúdo idêntico àquele que vinha sendo construído pelo relator, Deputado Zé Silva, no processo legislativo daquela MP. Tal projeto de lei muito bem simboliza a dificuldade que se encontra na proteção dos direitos territoriais indígenas no Brasil.

Não se pode deixar de referir que a expedição daquela Medida Provisória 910 e a expectativa de sua aprovação ao final do processo

---

295 DALLARI, **Terras indígenas**: a luta judicial pelo direito, cit., p. 32-33. "Ao longo da última década, surgiu no Brasil uma nova associação entre um governo militar altamente repressor, mas voltado para o desenvolvimento, várias firmas multinacionais de crédito, tais como o Export-Import Bank, o Banco Interamericano de Desenvolvimento e o Banco Mundial. Essa nova associação, que não é exclusividade do Brasil, acelerou o ritmo da expansão econômica para as últimas áreas de refúgio habitadas por tribos indígenas, e começou a substituir as várias fronteiras econômicas, diversas, mas todas relativamente atrasadas, as quais Darcy Ribeiro foi o primeiro a analisar em seu ensaio de 1957" (DAVIS, Shelton, **Vítimas do milagre**, cit., p. 193).

296 RIBEIRO, Darcy. **O povo brasileiro**, cit., p. 181.

legislativo, na prática, de acordo com instituições atuantes na defesa do socioambientalismo, acelerou um processo de invasões e "grilagens" e ajudou a aumentar o processo de desmatamento em várias áreas, em especial na região amazônica[297].

Cumpre verificar que o avanço do projeto econômico atual sobre os direitos indígenas, sem qualquer aquiescência de parte destes últimos, encontra clara barreira em documentos internacionais aderidos e internalizados pelo Brasil. A Convenção 169 da OIT prevê, expressamente em seu art. 6º, a necessidade de consulta prévia aos povos indígenas e a participação igualitária aos demais setores da sociedade, com vistas a buscar o seu consentimento anteriormente à aprovação de medidas legislativas e administrativas que possam impactá-los[298].

A inserção, sem qualquer proteção, da lógica capitalista nas relações entre os grupos indígenas e a sociedade nacional - com a remuneração pela produção da comunidade e a dependência de aquisição de bens não produzidos pelo grupo[299] - acaba por ajudar a desconfigurar a sua cultura e sua autossuficiência e concorre para acelerar o processo de assimilação[300], com todos os problemas que esse processo engendra[301].

---

[297] WWF. **MP 910 é crime**: aprovar a MP da Grilagem é anistiar a ilegalidade. Disponível em: <**https://www.wwf.org.br/**>. Acesso em: 18 maio 2020.

[298] Acerca do direito de participação indígena, afirma Brighenti: "Os povos indígenas são sujeitos de direitos como todos os brasileiros. Eles não desejam apenas ser ouvidos, querem participar ativamente dos processos e decidir sobre suas vidas e seus territórios. Querem o direito de demonstrar que para além da proposta de qualidade de vida imposta pelo capital existe o projeto ancestral do Bem Viver, que sustentou e sustenta milhões de pessoas e povos por centenas de gerações, em uma convivência equilibrada com o meio ambiente" (BRIGHENTI, *op. cit.*, p. 25). Cf. SANTOS, **Hidrelétricas e suas consequências socioambientais**, cit., p. 45.

[299] CARVALHO, Edgard de Assis. Pauperização e indianidade. *In:* **Antropologia e indigenismo na América Latina**. Junqueira, Carmen; Carvalho, Edgard de A. (Org.) São Paulo: Cortez, 1981, p. 16.

[300] *Ibid.*, p. 17.

[301] DALLARI, **Terras indígenas: a luta judicial pelo direito**, cit., p. 34.

A adoção da bandeira do desenvolvimento econômico se assenta sobre um falso pressuposto de que o crescimento econômico, por si só, redunda na melhoria de vida das pessoas. Na atualidade, cada vez se faz mais evidente que a exploração socioambiental a todo custo traz graves prejuízos que serão arcados pela sociedade, ao passo que a elevação dos lucros da atividade econômica, em uma grande quantidade de casos, tem como destino os grandes grupos econômicos, à medida em que o restante da população não tem, necessariamente, benefício proporcional como retribuição por aquelas atividades[302].

Graves problemas ambientais, como o aquecimento global – admitido por importantes agências ambientais no mundo, como o Painel Intergovernamental de Mudanças Climáticas[303]–, são imputados em grande medida à ação do homem nos últimos séculos, com o aumento exponencial da produção de gás carbônico (CO2), que decorre, sobretudo, do desenvolvimento do modelo predatório de produção no mundo.

Dessa forma, cada vez mais se torna premente a revisão do modelo de desenvolvimento econômico e a necessidade de compatibilizá-lo com a sobrevivência dos ecossistemas e dos grupos populacionais socialmente marginalizados e que ocupam a terra[304]. Nesse contexto se põe a necessidade de respeitar o modelo de desenvolvimento dos povos indígenas[305].

---

302 "A impressionante taxa de crescimento da economia brasileira, superando a dos Estados Unidos no final do século XIX e a do Japão no pós-guerra, é aceita por quase todos os observadores estrangeiros como um bem positivo para o povo do Brasil" (DAVIS, Shelton, **Vítimas do milagre**, cit., p. 16).

303 IPCC. ***Climate Change 2014***. Disponível em: <http://www.ipcc.ch/report/ar5/syr/>. Acesso em: 18 maio 2016.

304 DAVIS, Shelton, **Vítimas do milagre**, cit., p. 202-203. Cf. BERNARDO, Leandro Ferreira. **Democracia, direitos humanos e ambientalismo.** Hiléia (UEA), v. 16. Disponível em <http://periodicos.uea.edu.br/index.php/Hileia/>. Acesso em: 08 abr. 2015.

305 RIBEIRO, Darcy. **Os índios e a civilização**: a integração das populações indígenas no Brasil moderno, cit., p. 206.

6.2 DESAFIO DO ALCANCE DE POLÍTICAS PÚBLICAS PARA A POPULAÇÃO INDÍGENA CRESCENTE

Em que pesem as dificuldades na garantia dos direitos indígenas ao longo dos séculos após a chegada do europeu, é inegável que, nas últimas décadas, políticas postas em prática pelo poder público, o fortalecimento de instituições voltadas à proteção indígena[306] e o desenvolvimento de movimentos indígenas voltados para a luta pelos seus direitos[307] contribuíram, em grande medida, para que o processo de extinção daqueles grupos tivesse cessado e, mais do que isso, que a população tivesse aumentado em elevados índices, ao ponto em que, segundo dados de órgãos oficiais (IBGE), o número total de índios no país seja superior a 800 mil índios[308].

---

306 "Da década de 1990 em diante, a globalização neoliberal começou a ser confrontada com movimentos sociais e organizações não governamentais progressistas, de cujas lutas – que configuram uma globalização contra-hegemônica – emergiram novas concepções de direitos humanos, oferecendo alternativas radicais à concepção liberal norte-cêntrica que até então dominara com inquestionável supremacia" (SANTOS, Boaventura de Sousa. **A gramática do tempo: para uma nova cultura política**, cit., p. 436).

307 DALLARI, Argumento antropológico e linguagem jurídica. *In*: SILVA, Orlando Sampaio *et al.* (Org.). **A perícia antropológica em processos judiciais**. Florianópolis: Ed. da UFSC, 1994, p. 108. Acerca da relação entre o fortalecimento dos movimentos de luta de identidade cultural e o desenvolvimento da globalização, vide FRASER, Nancy. **A justiça social na globalização**: redistribuição, reconhecimento e participação, cit., p. 8. Cf., também, HARVEY, David. **O novo imperialismo.** Tradução: Adail Sobral e Maria Stela Gonçalves. 4. ed. São Paulo: Loyola, 2010, p. 137; LEFF, Enrique. **Saber ambiental.** Tradução de Lúcia Mathilde Endlich Orth. 7. ed. Petrópolis, RJ: Vozes, 2009, p. 22.

308 IBGE. **O Brasil indígena.** Disponível em <http://indigenas.ibge.gov.br/graficos-e-tabelas-2.html>. Acesso em: 20 abr. 2016. Cf. RIBEIRO, Darcy. **O povo brasileiro**, cit., p. 298. Há mais de duas décadas Manuela Carneiro da Cunha já previa essa rápida expansão das populações indígenas: "Nos EUA, a população indígena em 1890 era da ordem da população indígena brasileira nos nossos dias. Cem anos mais tarde, essa população havia quadruplicado: no censo de 1990, registravam-se 1,9 milhão de *nativos americanos*. É possível que ascenso semelhante se verifique no Brasil, cuja população

Na presente quadra o aumento da população indígena se dá em todo o país, e não somente, como se supõe muitas vezes, na região Amazônica. Embora a região norte concentre a maior população indígena (mais de 305 mil, de acordo com o censo de 2010), o nordeste registrou grande aumento (com quase 210 mil no mesmo período), assim como as demais regiões[309].

A elevação do número de indígenas cria novos desafios. A garantia de suas terras é elemento essencial nesse processo e tem permitido que vários povos que já atravessaram o tortuoso processo demarcatório tenham logrado êxito no desenvolvimento de suas comunidades e garantido autossuficiência[310].

Por seu turno, vários povos indígenas que experimentaram aumento populacional carecem de garantias mínimas à sua subsistência, como acesso à terra, e em grande medida, são dependentes de uma ação mais protetiva do poder público, e exigem a destinação de novas políticas em seu favor.

A consolidação e crescimento da população indígena torna cada vez mais comum o contato e a integração com a sociedade majoritária e a inevitável ocorrência de novos problemas. Um deles é decorrência do aumento do fluxo de indígenas das terras indígenas para as cidades. De acordo com dados do IBGE, a população urbana indígena passou, em poucas décadas, de cerca de 70 mil para quantidade aproximada a 315 mil em 2010[311].

---

indígena já aumentou entre 1983 e 1993 e situa-se, provavelmente, em torno de 250 mil" (CUNHA, **Índios no Brasil**, cit., p. 124).

309 IBGE. **O Brasil indígena.** Disponível em <http://indigenas.ibge.gov.br/graficos-e-tabelas-2.html>. Acesso em: 20 abr. 2016. Cf. CUNHA, *op. cit.*, p. 125.

310 RIBEIRO, Darcy. **O povo brasileiro**, cit., p. 299.

311 IBGE. **O Brasil indígena.** Disponível em <http://indigenas.ibge.gov.br/graficos-e-tabelas-2.html>. Acesso em: 20 abr. 2016. Os dados do censo de 2010 ajudam a trazer à tona a impressionante constatação de que dezenas de municípios brasileiros são formados, em sua zona urbana, por índios, como é o caso de Marcação (PB), São Gabriel da Cachoeira (AM) e Uiramutã (RR), que representariam, segundo o censo de 2010, uma proporção percentual de população na zona urbana, respectivamente, de 66,2, 57,8 e 56,9%.

Tradicionalmente, esses grupos indígenas passam a fazer parte da massa populacional mais pobre das grandes cidades[312]. Em razão disso, além da União – especialmente, mas não somente, por meio da FUNAI –, estados e municípios têm a incumbência de destinar cada vez mais atenção para se buscar efetuar seus direitos mais básicos[313].

Os povos indígenas continuarão a demandar, por muitos anos ainda, a ação positiva do Estado na garantia de seus direitos fundamentais e, nesse contexto, o direito e um sistema de justiça que lhes deem efetividade exercem e, certamente, continuarão a exercer papel central na concretização daqueles direitos[314].

---

[312] Cf. SALZANO, O velho e o novo: antropologia física e história indígena. *In:* CUNHA, Manuela Carneiro da (Org.). **História dos índios no Brasil**. São Paulo: Companhia das Letras; Secretaria Municipal de Cultura; FAPESP, 1992, p. 33; RIBEIRO, **A América Latina existe?**, cit., p. 31.

[313] Roberto Damatta aponta o problema da contradição de interesses entre os órgãos e entes federais, estaduais e municipais e aponta que no plano local e regional é comum uma postura contrária aos povos indígenas: "[...] além da divisão entre as divisões da população regional, encontramos também divisões de motivações e interesses entre as agências nacionais – como a Fundação Nacional do Índio (Funai), a Campanha de Erradicação da Malária, o Incra, ou outros órgãos federais, e as agências locais e internacionais como foi o caso, por um período, da presença de pessoal do Summer Institute of Linguistics. Ao lado destas instituições, o antropólogo acaba se constituindo num outro polo do contato, com ligações nacionais e internacionais, sempre por meio do plano federal. Deste modo, no caso dos Apinayé (como no dos Gaviões), lutas políticas pela posse da terra indígena ou disputas resultantes de múltiplas interpretações de algum tipo de eventos que implicasse conflitos entre índios e brancos tendem a ter uma linha de clivagem demarcada por um plano de agências federais (nacionais), em contraste com o plano das agências estaduais e municipais que, em geral, são contra os interesses tribais. Mas essa dicotomia pode ser, em muitos casos, uma simplificação grosseira, já que no mesmo Ministério, o do Interior, agências com ideologias e motivações 'desenvolvimentistas' (como o Incra e a Sudam) podem entrar em conflito direto com a Funai no que diz respeito a uma imagem do índio e à prática social e política a ser realizada junto às populações tribais" (DAMATTA, *op. cit.*, p. 243).

[314] "Embora seja tarefa essencial ao direito fixar as linhas das estruturas sociais, ele vem assumindo sempre com maior intensidade uma postura de

6.3 DESAFIO DA PROTEÇÃO CONTRA A VIOLÊNCIA EXTERNA

A violência contra os povos indígenas, infelizmente, foi aspecto comum ao processo de formação e desenvolvimento de nossa sociedade. Nem mesmo o surgimento da República em 1889, a constitucionalização dos direitos territoriais (a partir da Constituição de 1934), a fundação de entes voltados à proteção indígena (SPI e FUNAI) e a criação de uma legislação mais afinada com a proteção dos direitos humanos nas últimas décadas foram capazes de estancar aquele processo de violência[315].

A garantia do acesso à terra é fundamental para as populações indígenas como elemento indispensável ao seu desenvolvimento social, bem como funciona como barreira protetora contra a violência da sociedade que lhes circunda. A questão envolvendo a proteção territorial indígena possui, assim, uma importância inestimável[316].

Na atualidade, o aumento da pressão pela expansão do desenvolvimento econômico sobre áreas indígenas, somado à dificuldade na demarcação das terras indígenas pelo poder público, são aspectos

---

ordenação de situações conjunturais, o que lhe impregna também uma função de instrumento implementador das *políticas públicas*, revelando atualmente o lado *funcional* do direito paralelamente ao seu conteúdo *estrutural*" (DERANI, *op. cit.*, p. 33). Cf. WEBER, Max. **Economia e sociedade**: fundamentos da sociologia compreensiva, v. I, p. 223.

315 SILVA, Ligia Osorio, *op. cit.*, p. 359.

316 "O direito dos índios sobre as terras que tradicionalmente ocupam não depende da demarcação, pois resulta direta e imediatamente da Constituição e tem por fundamento a ocupação tradicional, único requisito para o reconhecimento desse direito. Assim, a demarcação não gera o direito nem é indispensável para que ele seja reconhecido, mas, como a prática tem demonstrado sobejamente, a falta de demarcação torna incertos os limites da ocupação indígena ou, o que acontece com frequência, facilita o uso do pretexto da ignorância de se tratar de terra indígena" (DALLARI, **Terras indígenas**: a luta judicial pelo direito, cit., p. 32).
Cf. RIBEIRO, Darcy. **Os índios e a civilização**: a integração das populações indígenas no Brasil moderno, cit., p. 218.

diretamente relacionados aos graves problemas de violência sobre aqueles grupos[317].

A situação é dramática em diversas comunidades espalhadas por todo o país e que têm sido vítimas de violência externa, com a ocorrência de mortes, expulsão de suas terras e todo tipo de ameaça. De acordo com Dalmo de Abreu Dallari:

> Nos últimos tempos, com a supervalorização do desenvolvimento econômico sem qualquer respeito pela pessoa humana, as agressões contra as populações indígenas se tornaram mais intensas. Ou os índios são mortos por armas de fogo ou morrem de doenças que não existiam entre eles e são levadas às aldeias indígenas pelos brancos, como, por exemplo, a tuberculose. [...]. E assim muito são expulsos para as cidades, onde logo acabam morrendo de forme ou de doença. Sendo um grupo minoritário e pobre na sociedade brasileira, os índios estão sendo expulsos de suas terras com a desculpa de que estas são necessárias para o desenvolvimento econômico[318].

O poder público - legislativo, executivo e judiciário - contribuiu, em grande medida, para que se chegasse a esse estado de coisas[319]. No caso da administração pública - incluindo-se aí União, estados e municípios -, ao não dar andamento às demarcações e ou-

---

317 DALLARI, Dalmo. **Direitos humanos e cidadania.** 2. ed. reform. São Paulo: Moderna, 2004. p. 36; BUZATTO, Cleber César. **Paralisação das demarcações, discursos racistas e decisões judiciais fundamentalistas**: um rastro de violências contra os povos indígenas. CONSELHO INDIGENISTA MISSIONÁRIO: RELATÓRIO - Violência contra os povos indígenas no Brasil - Dados de 2014, p. 12. Disponível em <http://cimi.org.br/pub/Arquivos/Relat.pdf>. Acesso em: 20 jan. 2016.

318 DALLARI, **Direitos humanos e cidadania**, cit., p. 35.

319 "Em 2014, o Cimi registrou 118 casos de omissão e morosidade na regulamentação de terras, mais que o dobro do que foi registrado em 2013, 51 ocorrências. Foram registrados casos nos estados do Acre (1), Amazonas (3), Bahia (4), Ceará (2), Goiás (1), Maranhão (5), Mato Grosso (1), Mato Grosso do Sul (24), Minas Gerais (1), Pará (42), Paraná (1), Rio Grande do Sul (14), Rondônia (7), Santa Catarina (11), e Tocantins (1)" (CIMI, **RELATÓRIO 2014**, p. 45).

tras políticas públicas em um tempo razoável e não dar a segurança contra as violências externas[320]. Pior do que a letargia estatal é a utilização política que se faz de órgãos e entes públicos, sobretudo de caráter local ou regional, no intuito de desestabilizar a organização de comunidades indígenas que começam a se tornar entrave para os interesses de grupos poderosos[321].

O judiciário, por sua vez, pela demora em decidir ou pela tomada de decisões desfavoráveis aos povos indígenas envolvidos, muitas vezes em contrariedade flagrante ao texto constitucional e à legislação indigenista em vigor, tem grande parcela de responsabilidade pela violência sofrida pelos povos indígenas[322].

O número de homicídios dolosos praticados contra indígenas é preocupante e aponta, em determinados anos, para saltos preocupantes

---

320 "Assim como ocorreu no ano anterior, o governo Dilma Rousseff continuou atendendo aos interesses e pressões do agronegócio em 2014. A presidente da República não assinou nenhuma homologação de terra indígena, apesar de pelo menos 21 processos de demarcação de terras sem nenhum óbice administrativo e/ou judicial estarem em seu gabinete, no final do ano, aguardando apenas a sua assinatura para a homologação" (*Ibid.*, p. 45). Cf., também, BUZATTO, *op. cit.*, p. 15.

321 CUPSINSKI, Adelar; FARIAS, Alessandra; MODESTO, Rafael. **Violência institucional e privada: o que há de arcaico no novo?** CONSELHO INDIGENISTA MISSIONÁRIO. RELATÓRIO – Violência contra os povos indígenas no Brasil – Dados de 2014, p. 29. Disponível em <http://cimi.org.br/pub/Arquivos/Relat.pdf>. Acesso em: 20 jan. 2016.

322 "O Judiciário, por sua vez, contribuiu decisivamente para o aprofundamento das violências contra os povos indígenas em 2014. Decisões tomadas no âmbito da 2ª Turma do Supremo Tribunal Federal (STF) descaracterizam o Artigo 231 da Constituição Federal (CF) através de uma reinterpretação fundamentalista e radicalmente restritiva quanto ao conceito de terra tradicionalmente ocupada pelos povos. Tais decisões anularam atos administrativos, do Poder Executivo, de demarcação das terras Guyraroká, do povo Guarani-Kaiowá, e Limão Verde, do povo Terena, ambas no Mato Grosso do Sul, e Porquinhos, do povo Canela-Apãniekra, no Maranhão, sob a justificativa de que tais terras não seriam tradicionalmente ocupadas pelos mesmos" (BUZATTO, *op. cit.*, p. 14).

quando se parte de comparações com períodos anteriores. A título de exemplo, de acordo com o relatório do CIMI, pulou-se de 97 homicídios em 2013 para 135 em 2018, com grande destaque para os estados de Roraima e Mato Grosso do Sul, em que se registraram, respectivamente, 62 e 38 assassinatos contra indígenas[323].

Outro dado estatístico que reflete muito bem a atual situação de desespero e desilusão com o futuro vivido por vários povos indígenas são os números referentes à quantidade de suicídios entre indígenas nos últimos anos. De acordo com dados do CIMI, somente em 2018 foram cerca de 101 suicídios de indígenas no Brasil[324]. Somente no estado do Mato Grosso do Sul, no mesmo período, foram 44 suicídios[325].

Geram espanto, também, os números referentes às tentativas de assassinato, ameaça de morte e invasões de terras. Os elevados números referentes a essas espécies de violência contra comunidades indígenas fazem aumentar o temor de que se continue por muito tempo os homicídios dolosos praticados contra aqueles povos.

Da mesma forma, digno de nota é a existência de alto índice de ocorrências de homicídios culposos de índios, em grande parte decorrentes de atropelamentos em rodovias, após a expulsão das terras por eles reivindicadas ou anteriormente ocupadas e diante da vulnerabilidade que passam a estar sujeitos a toda sorte de perigo nas margens das estradas, por não terem outro lugar seguro para se instalar[326].

Além dos graves problemas anteriormente referidos, a ausência de garantia à terra traz, como consequência, a marginalização indígena nas camadas pobres da população e a consequente

---

[323] CIMI, **Relatório Violência contra os povos indígenas - Dados de 2018**, cit., p. 81.

[324] *Ibid.*, p. 151.

[325] *Ibid.*, p. 151.

[326] "Registramos em 2014, 20 casos de homicídio culposo. Dez casos a mais do que em 2013. Todos os casos envolveram atropelamentos. Foram registradas ocorrências em Mato Grosso (1), Mato Grosso do Sul (9), Paraná (5), Rio Grande do Sul (2) e Santa Catarina (3). Em pelo menos 11 casos, os condutores dos veículos fugiram sem prestar socorro às vítimas" (*Ibid.*, p. 89).

perda da sua identidade. Tal circunstância, indiretamente, tem tido grande relação com o aumento da dependência de álcool e outras drogas[327].

Cabe ressalvar, todavia, que, na atualidade, aspecto que permite distinguir a realidade vivida pelos povos indígenas de outros momentos no passado diz respeito à existência de importantes órgãos ou entes defensores de direitos humanos no Brasil e no mundo, que têm uma participação relevante na denúncia desses abusos e que impedem que as violências sofridas pelos indígenas permaneçam invisíveis[328].

6.4 DESAFIO DA GARANTIA DA AUTODETERMINAÇÃO E RESPEITO AOS COSTUMES

A legislação indigenista em vigor no país garante às populações indígenas o direito à preservação de sua cultura. A Declaração das Nações Unidas sobre os direitos dos povos indígenas reconhece seu direito à autodeterminação, com a consequente determinação livre de sua condição política e seu desenvolvimento econômico,

[327] Afirmava Darcy Ribeiro, já há algumas décadas, sobre o assunto: "Todos sabemos que o clássico retrato do índio aculturado, o preguiçoso, o cachaceiro, o anormal, é dramaticamente verdadeiro. Mas poucas vezes nos animamos a encarar os fatos e a investigar as raízes deste decaimento moral. Muito se poderia dizer a respeito; vejamos apenas um ângulo do problema. Inquestionavelmente, uma das causas dessa decadência são o espezinhamento e a sufocação das crenças tribais. Basta que nos coloquemos no lugar destes índios para imaginar os terríveis efeitos que decorrem da negação abrupta e insofismável dos valores em que se fundamentava o respeito de uns em relação aos outros, das justificativas tradicionais para as ações que a tribo sempre teve como certas e necessárias, ou da legitimidade das sanções que recaiam sobre o comportamento tido como reprovável" (RIBEIRO, **Os índios e a civilização: a integração das populações indígenas no Brasil moderno**, cit., p. 236). "Registramos, em 2014, a ocorrência de 13 casos de disseminação de bebida alcoólica e outras drogas em comunidades indígenas, nos estados do Mato Grosso (3), Pará (4), Paraíba (1), Paraná (2) e Roraima (3)" (CIMI, *op. cit.*, p. 135).

[328] DALLARI, **Direitos humanos e cidadania**, cit., p. 100.

social e cultural (art. 3º). Essa relativa autonomia está implícita, também, em diversos outros textos legislativos e decorre da necessidade de se preservar a sua cultura, sua organização e seu modo de viver.

A autodeterminação indígena é diretamente dependente da existência de condições mínimas de desenvolvimento, ao ponto de que a comunidade não tenha a necessidade de abandonar suas terras e sua cultura para perambular nas cidades, em busca de um modo alternativo de sustento[329].

De outro lado, a garantia à autodeterminação é matéria complexa, eis que sua defesa pode representar uma limitação do próprio Estado em ver suas normas nacionais aplicadas em sua plenitude dentro dos territórios ocupados pelos povos indígenas. Tal aspecto tem representado às autoridades políticas elevado temor – injustificado, é necessário dizer – de que a autonomia organizacional indígena possa trazer ameaças à soberania estatal[330].

Aspecto problemático que se relaciona com a garantia da autodeterminação diz respeito ao estreitamento das relações entre índios com a sociedade nacional, sobretudo com o deslocamento de índios para as cidades e que tem feito aumentar, especialmente nas últimas décadas, o quantitativo de índios urbanos, atualmente em número superior a 300 mil por todo país.

A direção da ação do Estado a partir desse estreitamento nem sempre é simples, tendo em vista que passa a ter que conciliar o direito à preservação cultural daqueles grupos com a regulação da vida social. Ademais, seu agir em relação àquele indígena urbano não poderá ser pautado pela simples escolha das duas posições opostas:

---

[329] "Como chegar à autodeterminação diante da penúria econômica da vida indígena" (LAFER, *op. cit.*, p. 21).

Cf. DAVIS, Shelton H.; MENGET, Patrick. **Povos primitivos e ideologias civilizadas no Brasil**, cit., p. 61 e CARVALHO, Edgard de Assis. **Pauperização e indianidade**, cit., p. 7-8.

[330] "O texto constitucional preserva, assim, o exercício do direito à soberania, mas o seu exercício deve acomodar-se, harmonicamente, aos direitos originários às terras já demarcadas" (FERRAZ JUNIOR, *op. cit.*, p. 695).

conservação das condições idênticas à do índio isolado ou sua assimilação pura e simples[331].

A assimilação pode levar à perda de identidade cultural e, consequentemente, à extinção de povos indígenas, como demonstra a história de formação do Brasil e dos demais países da América[332]. Nesse contexto, parece correta a afirmação de Darcy Ribeiro, para quem "o gradiente da transfiguração étnica vai do índio tribal ao índio genérico e não do indígena ao brasileiro"[333].

Outra questão que representa uma grave dificuldade na relação do indígena com a sociedade nacional diz respeito a saber quais são os limites que devem ser impostos ao Estado e à sociedade majoritária, não indígena, a fim de que não haja violação ao direito à autodeterminação em relação à matéria penal.

Na esfera punitiva criminal, há grande dificuldade no reconhecimento dos costumes indígenas pelo Estado. A Convenção 169 da OIT, internalizada no nosso sistema jurídico, determina, em seu art. 9º, que seja permitida a punição pela comunidade em relação a um dos seus membros. O mesmo dispositivo determina que seja levado em consideração pelas autoridades criminais os costumes do povo a que pertence o indivíduo.

---

331 "O problema de como tratar minorias étnicas que vivem dentro de um território nacional é complexo. No caso específico dos índios das Américas existem várias tendências, desde as que propõem conservá-los no mesmo estágio cultural em que foram encontrados pela sociedade envolvente, até aquelas que preconizam sua absorção total pela sociedade" (SALZANO, *op. cit.*, p. 32).

332 "Temos demasiados exemplos de sociedades tradicionais que, confrontadas com a modernidade pelo contato com as sociedades ocidentais complexas, não puderam adaptar-se e desabaram. Os ameríndios, mais que os africanos ou os asiáticos, sofreram essa maldição. O etnocídio delas pode ser brutal, como para os índios da América do Norte no século XIX e para os da Amazônia de nossos dias, ou mais ameno, como para os esquimós atualmente: de todo modo, a morte se encontra no termo do processo" (ROULAND, Norbert, *op. cit.*, p. 55). Cf. DAVIS; MENGET, *op. cit.*, p. 55.

333 RIBEIRO, **Os índios e a civilização**: a integração das populações indígenas no Brasil moderno, cit., p. 503.

O Estatuto do Índio, da mesma forma, traz como regra básica a necessidade de o julgador reconhecer a peculiaridade da situação do índio, bem como a possibilidade de reconhecimento da punição aplicada pelo grupo em relação ao membro, desde que não se revista de caráter cruel ou infamante (arts. 56 e 57 do Estatuto).

Esses dispositivos têm uma lógica muito clara, que postula, sobretudo, a manutenção do vínculo do indivíduo com seu grupo, sobretudo quando se constata que a legislação penal em vigor não contempla a realidade indígena e suas peculiaridades e que sua aplicação pode ser fator de rompimento do vínculo com a comunidade de origem[334].

Fica cada vez mais claro que a busca pela manutenção da identidade cultural indígena deverá ser almejada como objetivo das políticas públicas para o setor, devendo ser conjugada com os demais objetivos perseguidos na regulação da vida da sociedade majoritária. Caso contrário, corre-se o risco de caminhar para a paradoxal situação em que a população indígena continue a crescer nos próximos períodos e, ao mesmo tempo, caminhe-se para um aumento da perda de identidade indígena.

Assim, a flexibilização do sistema jurídico estatal em favor do reconhecimento de uma mínima autonomia organizacional indígena[335], a existência de um sistema de ensino público devidamente direcionado à cultura indígena[336], a garantia de moradia ou abrigo

---

334 SOUZA FILHO, **O renascer dos povos indígenas para o direito**, cit., p. 111.

335 *Ibid.*, p. 67.

336 "A principal ação do projeto educador, tal como se revela admiravelmente na teoria e na prática de Paulo Freire, é levar o homem iletrado não à letra em si (letra morta ou letal), mas à consciência de si, do outro, da natureza. Essa *consciência* é o verdadeiro vestibular das Ciências do Homem, das Ciências da Natureza, das Artes e das Letras. Sem ela, o letrado cairá no mundo do receituário e da manipulação" (BOSI, *op. cit.*, p. 341).

O direito ao ensino em sua língua está devidamente previsto no Estatuto do Índio, no art. 47 e seguintes.

aos índios recém-chegados às cidades, são medidas que impediriam ou tornariam mais protegidas as condições para a manutenção da identidade cultural[337].

[337] A respeito da necessidade da preservação da identidade indígena como fundamental para a sua preservação enquanto sociedade, afirma Bartolomé e Robinson: "[...] vemos que o modelo indígena, em termos de sua própria dialética interna-externa, forma parte de uma estrutura cultural, sendo, portanto, necessário à sobrevivência desta. Sendo a sobrevivência do modelo essencial à identidade étnica e esta necessária à consciência política, depreende-se que a luta das minorias étnicas por sua liberação passa pela reafirmação da própria identidade, em oposição aos modelos impostos pelo Ocidente" (BARTOLOMÉ, Miguel A.; ROBINSON, Scott S. Indigenismo, dialética e consciência étnica. *In:* Junqueira, Carmen; Carvalho, Edgard de A. (Org.). **Antropologia e indigenismo na América Latina**. São Paulo: Cortez, 1981, p. 107-114, p. 114). Acerca dos riscos da integração indígena à sociedade nacional, alerta Darcy Ribeiro: "O trânsito da condição de índio específico, conformado segundo a tradição de seu povo, à de índio genérico, quase indistinguível do caboclo, se dá pelo que eu chamo de *processo de transfiguração étnica*. Em seu curso, sob pressões de ordem biótica, ecológica, cultural, socioeconômica e psicológica, um povo indígena vai transformando seus modos de ser e de viver para resistir àquelas pressões. Mas o faz conservando sempre sua identificação étnica. Como gente que sabe de si mesma e não se identifica com nenhuma outra e guarda de sua cultura original tudo o que seja compatível com suas novas condições de vida" (RIBEIRO, **Os índios e a civilização: a integração das populações indígenas no Brasil moderno**, cit., p. 12-13).

7

DO INDIGENATO OU POSSE INDIGENATA, DA GARANTIA DA EFETIVIDADE DAS GARANTIAS FUNDAMENTAIS E DA INADEQUAÇÃO DA JURISPRUDÊNCIA DO MARCO TEMPORAL

Os direitos dos povos indígenas sobre as áreas sob a sua ocupação tradicional têm sido objeto de centenas de demandas judiciais. Ações em que se discute sua titularidade ou legitimidade para a posse sobre áreas em disputas com não indígenas têm sido objeto de análise pelo judiciário.

Observa-se que em muitas situações como essas os julgadores se utilizam de técnicas interpretativas mais complexas, tais como a ponderação de princípios, para julgar situações de menor complexidade interpretativa, tal como aquela que envolve conflito entre norma constitucional e norma de hierarquia inferior[338].

[338] Tal método de interpretação/aplicação constitucional, já é, por si só, objeto de críticas de ordem metodológica e funcionais. Nesse sentido, sustenta Virgílio Afonso da Silva: "Não foram poucas as críticas que a ideia de direitos fundamentais como mandamentos de otimização recebeu ao longo das últimas décadas. É possível agrupá-las em, pelo menos, duas grandes categorias: as críticas metodológicas e as críticas funcionais. As críticas de caráter metodológico censuram sobretudo racionalidade do sopesamento como forma de aplicação dos princípios. Em linhas gerais, esses ataques

Tal situação se dá, por exemplo, diante de ações de caráter possessório movidas por ocupantes não índios perante a comunidade indígena interessada e os órgãos estatais responsáveis pela demarcação. A matéria de fundo de tais demandas passa, comumente, pela discussão a respeito da extensão do direito de acesso à terra sobre área tradicionalmente ocupada por povo indígena frente à resistência surgida de um alegado direito possessório sobre a mesma área por não indígenas.

Nestes casos, não tem sido incomum a determinação judicial da retirada de comunidade indígena da área sob litigio sob a rasa fundamentação de que o autor - não indígena - reuniria indícios de titularidade, ao passo que a comunidade indígena interessada não teria a área demarcada em seu favor.

A resolução de situações como tais poderia se dar de forma menos complicada, ao reconhecer a sobreposição do direito coletivo sobre terras tradicionalmente ocupadas por povos indígenas, de caráter constitucional, sobre suposto direito possessório, de caráter civil, em favor de particular. Para tanto, contudo, torna-se imprescindível vencer o enclausuramento do sistema civilístico para as demais áreas do direito, até mesmo o Direito Constitucional, fenômeno já anteriormente denunciado por Luiz Edson Fachin como comum nos diversos ramos do direito:

---

procuram demonstrar que o sopesamento é uma forma totalmente subjetiva de aplicar o direito, devendo, por isso, ser rejeitada" (SILVA, Virgílio Afonso da. **Direitos fundamentais e liberdade legislativa**: o papel dos princípios formais, cit., p. 917-918). Na doutrina estrangeira, Luigi Ferrajoli adota uma postura crítica às teorias do direito existentes que imputam aos direitos fundamentais a categoria de princípios constitucionais e, portanto, sujeitos à submissão de técnica de ponderação a fim de solucionar eventual conflito com outro princípio de mesma estatura. De acordo com Ferrajoli, os direitos fundamentais possuem natureza deôntica e, portanto, não passíveis de flexibilização em sua aplicação pela via interpretativa (FERRAJOLI, Luigi. El constitucionalismo entre principios y reglas. **DOXA, Cuadernos de Filosofía del Derecho**, 35 (2012), pp. 791-813. Disponível em: <http://www.cervantesvirtual.com/portales/doxa>. Acesso em: 05 mar. 2017).

> A concepção contemporânea da ciência, nomeadamente a assim denominada ciência jurídica, foi capaz de se confinar a determinadas instâncias do conhecimento que dificilmente dialogam entre si, e isto aparece não apenas nos intrincados das bulas de formulação de manuais, como também na especialização da própria atividade profissional[339].

Ademais, cumpre reiterar que o texto constitucional é expresso ao prever que o direito sobre as terras é originário, independentemente de qualquer ato por parte do poder público[340]. Sobre o assunto, relevante tratar do instituto conhecido como "indigenato", que trata da proteção dispensada pela tradição jurídica pátria, desde os tempos da colonização e mantida ao longo dos séculos, aos povos indígenas sobre as terras por eles ocupadas como um direito originário e oponível perante terceiros, como, por exemplo, diante de eventual titulação de terras feitas em favor de particulares pelo poder estatal[341].

339 FACHIN, **Teoria crítica do direito civil**, cit., p. 268.

340 Sobre o assunto, doutrinada Pontes de Miranda, ainda sob a égide do texto da Constituição da República de 1967: "O texto respeita a 'posse' do silvícola, posse a que ainda se exige o pressuposto da *permanência*. O juiz que conhecer de alguma questão de terras deve aplicar a regra jurídica, desde que os pressupostos estejam provados pelo silvícola, ou constem dos autos, ainda que alguma das partes ou terceiro exiba título de domínio. Desde que há *posse* e a *permanência* ou *localização permanente*, a posse da terra é do nativo, porque assim o diz a Constituição. Os juízes não podem expedir mandados possessórios contra silvícolas que tenham posse permanente" (PONTES DE MIRANDA, **Comentários à Constituição de 1967 com a emenda n. 1, de 1969,** t. VI (arts. 160-200), p. 456).

341 Trata-se o indigenato, nas palavras de José Afonso da Silva, de "velha e tradicional instituição jurídica luso-brasileira que deita suas raízes já nos primeiros tempos da Colônia, quando o Alvará de 1º de abril de 1680, confirmado pela Lei de 6 de junho de 1755, firmara o princípio de que, nas terras outorgadas a particulares, seria *sempre* reservado o *direito dos índios, primários e naturais senhores delas*. Vindo a Lei 601/1850, os grileiros de sempre, ocupando terras indígenas, pretendiam destes a exibição de registro de suas posses" (SILVA, José Afonso da, *op. cit.*, p. 858).

João Mendes Júnior, no começo do século passado (1912), tratava do indigenato ou posse indigenata como fonte jurídica de posse territorial independente de legitimação, situação essa que a distinguiria da pura e simples ocupação, que consiste em fato posterior e que, dessa forma, carece dos "requisitos que a legitimem"[342].

Segundo João Mendes Júnior:

> O indígena, primariamente estabelecido, tem a *sedum positio*, que constitui o fundamento da posse, segundo o conhecido texto do jurisconsulto Paulo (...), a que se referem Savigny, Molitor, Mainz e outros romanistas; mas, o indígena, além desse *jus possessionis*, tem o *jus possidendi*, que lhe é reconhecido e preliminarmente legitimado, desde o Alvará de 1º de Abril de 1680, como direito congênito[343].

A partir da garantia constitucional dispensada aos povos indígenas em relação aos territórios por eles reivindicados, é preciso ficar patente que o conflito entre interesses indígenas – na defesa de área tradicionalmente ocupada – e de particulares – pela defesa de seu direito de propriedade e posse –, não poderá ser solucionado, tão somente, à luz da legislação civilista[344].

342 MENDES JR., *op. cit.*, p. 58; SILVA, José Afonso da, *op. cit.*, p. 859; FERRAZ JUNIOR, *op. cit.*, p. 693.

343 MENDES JR., *op. cit.*, p. 58-59.

344 Nesse sentido é a doutrina de José Afonso da Silva, para quem: "[...] a relação entre o indígena e suas terras não se rege pelas normas do Direito Civil. Sua posse extrapola da órbita puramente privada, porque não é e nunca foi uma simples ocupação da terra para explorá-la, mas base de seu *habitat*, no sentido ecológico de interação do conjunto de elementos naturais e culturais que propiciam o desenvolvimento equilibrado da vida humana. Esse tipo de relação não pode encontrar agasalho nas limitações individualistas do direito privado, daí a importância do texto constitucional em exame, porque nele se consagra a ideia de permanência, essencial à relação do índio com as terras que habita" (SILVA, *op. cit.*, p. 859-860). Acerca da origem do direito de propriedade no direito civil brasileiro, assevera Luiz Edson Fachin: "A disciplina jurídica da propriedade nasce do art. 554, do Código Civil francês de 1804, segundo o qual o direto de propriedade é um direito

Observe-se que em litígio envolvendo direito à terra entre indígenas e não índios, mesmo a constatação de inexistência de ocupação tradicional indígena em determinada área em momento recente poderá não ter como consequência lógica o reconhecimento de titularidade em favor do ocupante particular. Pelo contrário, diante da lógica do indigenato, a configuração de ocupação indígena no passado poderá trazer como consequência o reconhecimento de terra como devoluta em favor da União, como já alertava João Mendes Júnior no início do século passado sob uma lógica que parece ainda hoje atual:

> Mas, nas demandas entre posseiros e indígenas aldeados, se tem pretendido exigir que estes exibam os registros de suas posses. Parece-nos, entretanto, que outra é a solução jurídica: Desde que os índios já estavam aldeados com cultura e morada habitual, essas terras por eles ocupadas, se já não fossem deles, também não poderiam ser de posteriores posseiros, visto que estariam devolutas; em qualquer hipótese, suas terras lhes pertenciam em virtude do direito à reserva, fundado no Alvará de 1 de Abril de 1680, que já foi revogado, direito este que jamais poderá ser confundido com uma posse sujeita à legitimação e registro[345].

Deve-se lembrar, ainda, que a demarcação tem por efeito, tão somente, reconhecer ou declarar determinada área como de ocupação tradicional indígena e, em consequência, como terra da União. A partir daí, passa-se a submetê-la a toda ordem de proteção pelo Estado contra terceiros e na defesa dos grupos indígenas. Melhor dizendo, a demarcação não constitui direito à terra em favor do povo indígena[346]. Por mais esse motivo é de grande relevância não limitar

---

absoluto. Era exercido da maneira mais absoluta possível. O artigo 1.228 do Código Civil brasileiro, de certo modo, reproduz essa ideia, um pouco já mitigada, e recorre àquela famosa definição da propriedade: *utendi, fruendi et abutendi*, que é o direito de usar, fruir e dispor, bem como de reivindicar" (FACHIN, **Teoria crítica do direito civil**, cit., p. 84).

345 MENDES JR., *op. cit.*, p. 57.

346 SILVA, José Afonso da, *op. cit.*, p. 860-861; FERRAZ JUNIOR, *op. cit.*, p. 695; PONTES DE MIRANDA, *op. cit.*, p. 457.

os litígios judiciais em que se discute a titularidade do direito indígena a um viés estritamente privatista[347].

Concorda-se com Ferraz Júnior, para quem os direitos garantidos em favor dos povos indígenas sobre seus territórios detêm a mesma estatura dos direitos fundamentais previstos no art. 5º da Constituição da República, pouco importando, para essa finalidade, sua localização topográfica no texto constitucional. Segundo o autor:

> [...] tais direitos não são estruturalmente diferentes dos direitos fundamentais do art. 5º da CF, estes também, como afirma dominantemente a doutrina, reconhecidos. Portanto, não se lhes sobrepõem nem lhes são subordinados, mas equiparam-se a eles em dignidade. Compõem-se, com eles, em harmonia. No particular, têm a ver com a proscrição da discriminação e a proteção das minorias[348].

Assim posto, diante de seu caráter de direito fundamental, devem os direitos indígenas ocupar especial posição na atividade de interpretar/aplicar a legislação pelo julgador das demandas em que aqueles interesses são postos em causa. Não se pode perder de vista, ademais, a fragilidade do direito de posse pleiteado por indivíduos não indígenas, quando o aspecto meramente possessório é utilizado como fundamento maior para subsidiar o ajuizamento de ações possessórias contra comunidades indígenas. Nesse aspecto, deve-se resgatar a delimitação apontada para o instituto da posse no direito pátrio nos termos propostos por Clovis Beviláqua, de acordo com quem:

> A posse é estado de facto. Se a lei a protege, é visando a propriedade de que ela é manifestação. Assume, assim, o facto a posição de direito, não, propriamente, a categoria; situação anômala, imposta pela necessidade de manter a paz na vida econômico-jurídica, e que se reflete na particularidade das ações possessórias[349].

---

[347] FERRAZ JUNIOR, *op. cit.*, p. 692-696; MENDES JR., *op. cit.*, p. 59.

[348] FERRAZ JUNIOR, *op. cit.*, p. 692.

[349] BEVILÁQUA, Clóvis. **Direito das coisas**. Brasília: Senado Federal, Conselho Editorial, 2003, Coleção História do Direito Brasileiro, p. 43.

Deve-se ressaltar que o instituto do indigenato vem, historicamente, sendo acatado pela doutrina constitucional pátria como compatível com as ordens constitucionais surgidas ao longo dos séculos no país. Nesse sentido, a flexibilização do referido instituto dentro do regime constitucional instaurado em 1988 vai de encontro com a tradição jurídica pátria preexistente.

A flexibilização da normatividade de partes do texto constitucional, sobretudo pelo Supremo Tribunal Federal - como se deu no caso da criação da teoria do chamado "marco temporal" da ocupação indígena para fins de demarcação, criada pelo STF e que será melhor tratado a seguir - traz graves prejuízos à eficácia e à unidade da ordem jurídica[350]. Dito de outra forma, tal expediente concorre para retirar de direitos fundamentais previstos no texto constitucional sua "força normativa"[351].

A construção de interpretações e aplicações do texto constitucional que caminhem no sentido de, paulatinamente, restringir o alcance do texto expresso da Constituição, como se deu em relação à teoria do marco temporal, constitui um exemplo claro daquilo que Marcelo Neves rotula como uma verdadeira "degradação semântica

[350] "À constitucionalização simbólica, embora relevante no jogo político, não se segue, principalmente na estrutura excludente da sociedade brasileira, 'lealdade das massas', que pressuporia um Estado de bem-estar eficiente (...). Contraditoriamente, à medida que se ampliam extremamente a falta de concretização normativa do documento constitucional e, simultaneamente, o discurso constitucionalista do poder, intensifica-se o grau de desconfiança no Estado. A autoridade pública cai em descrédito" (NEVES, Marcelo. **Constitucionalização simbólica e desconstitucionalização fática**: mudança simbólica da Constituição e permanência das estruturas reais de poder, cit., p. 327-328). Ainda se mostra atual a preocupação de Robert Alexy com a efetivação dos direitos fundamentais demonstrada ainda na década de 1980, por ocasião da publicação de sua obra *Theorie der Grundrechte*, quando afirma que "À imprecisão da normatização dos direitos fundamentais se soma, portanto, a vagueza da jurisprudência sobre os mesmos" (ALEXY, Robert. **Teoria de los derechos fundamentales**. Madrid: Centro de Estudios Constitucionales, 1993, p. 24, tradução nossa).

[351] FERRAJOLI, *op. cit.*, p. 791-813.

do texto constitucional no processo de sua concretização", que, segundo o referido autor, é fato social recorrente em países mais pobres economicamente[352].

Como exemplo mais atual e mais grave da redução das garantias expressamente previstas no texto constitucional em relação aos direitos territoriais indígenas, deve-se citar a jurisprudência do chamado "marco temporal". A jurisprudência do "marco temporal" se concretizou por ocasião do julgamento da Pet 3.388, Rel. Min. Carlos Britto, DJe de 01 de julho de 2010, no âmbito do STF, no conhecido processo envolvendo a demarcação da terra indígena Raposa Serra do Sol. De acordo com o entendimento ali apresentado, somente pode ser considerada terra indígena passível de demarcação aquela ocupada por indígenas no momento da promulgação da atual Constituição da República, ou seja, em 05 de outubro de 1988. Tal entendimento tem sido flexibilizado quando constatada a situação de "esbulho renitente", que consiste, nas palavras do Ministro Teori Zavaski, por ocasião do julgamento do Agravo Regimental no RE com Agravo 803.462, sob sua relatoria, em acórdão publicado em 09 de dezembro de 2014, que consiste na "*situação de efetivo conflito possessório que, mesmo iniciado no passado, ainda persista até o marco demarcatório temporal atual (vale dizer, a data da promulgação da Constituição de 1988), conflito que se materializa por circunstâncias de fato ou, pelo menos, por uma controvérsia possessória judicializada*".

Aquele entendimento firmado no julgamento do caso Raposa Serra do Sol foi aplicado a diversas outras demandas envolvendo a titularidade sobre os indígenas, em contextos e realidades diversas. Apenas a título exemplificativo, cita-se os seguintes casos concretos de terras indígenas localizadas na região platina e que tiveram recentemente decisões judiciais contrárias à demarcação a partir do acatamento da referida teoria do marco temporal: a) Terra Indígena Guyraroká, na região de Caarapó em Mato Grosso do Sul, a partir de decisão do STF, em sede de Recurso Ordinário em

352 NEVES, *op. cit.*, p. 323.

Mandado de Segurança (RMS) 290872; b) Terra indígena Herarekã Xetá, na região conhecida como Serra dos Dourados, oeste paranaense, a partir de sentença proferida nos autos de ação judicial sob o número 5000382-10.2011.4.04.700, pelo juiz da Vara Federal de Umuarama/PR; c) Terra Indígena Boa Vista, na região de Laranjeiras do Sul/Pr, como se observa de acórdãos proferidos nas Apelações cíveis 5006473-76.2012.404.7006, 5006463-32.2012.404.7006 e 5005976-62.2012.4.04.7006; d) Terra indígena Panambi - Lagoa Rica - MS, entre os municípios de Douradina e Itaporã (MS), como se constata nos autos de ação judicial sob o número 0001665-48.2012.403.6002, na Vara Federal de Dourados/MS[353].

A referida jurisprudência representa situação de interpretação/aplicação da norma constitucional de forma limitada, sem respaldo em critérios objetivos e confiáveis e que sejam passíveis de replicação para outras situações de interpretação do texto constitucional[354].

Assim, espera-se que a referida teoria do "marco temporal" seja definitivamente afastada pelos nossos tribunais, sob pena de, em caso contrário, ver-se limitar a força normativa da legislação indigenista construída ao longo do tempo, em especial a partir do atual regime constitucional. A insistência na referida tese, nesse aspecto, corrobora as graves dúvidas existentes à época da aprovação da atual

---

353 Sobre a inadequação da utilização da jurisprudência do "marco temporal" de forma ampla, em especial na região platina, vide BERNARDO, Leandro F. **A aplicação da jurisprudência do "marco temporal" nos processos demarcatórios e a legitimação do discurso do "vazio demográfico" na região platina brasileira pelo judiciário**. Os direitos dos povos indígenas: complexidades, controvérsias e perspectivas constitucionais. Publicações da Escola da AGU: **Direito, Gestão e Democracia**, v. 11, p. 163-178, 2019.

354 "[...] garantir ou aumentar a objetividade na interpretação do direito e, também, no sopesamento, significaria garantir ou aumentar a realização dessas duas variáveis, ou seja, *garantir ou aumentar a possibilidade de controle intersubjetivo e a possibilidade de previsibilidade*" (SILVA, Virgílio Afonso da. **Ponderação e objetividade na interpretação constitucional**, cit., p. 368). Cf., *Ibid.*, p. 373; SOUZA FILHO, **O renascer dos povos indígenas para o direito**, cit., p. 196.

Constituição da República a respeito do papel do poder judiciário diante daquele texto garantista. Nesse sentido, afirmava em 1988 o sociólogo e deputado constituinte Florestan Fernandes:

> O Judiciário é um enigma e uma esperança. Se ele cumprir suas tarefas de reconstrução da sociedade civil e de instauração dos dispositivos constitucionais, daremos um salto histórico qualitativo. Mas pairam dúvidas a respeito[355].

Na esteira desse entendimento, a Advocacia-Geral da União, no **Parecer n. 001/2017/GAB/CGU/AGU,** acatou a jurisprudência do marco temporal e, após aprovação pelo Presidente da República, sua observância passou a ter caráter vinculante à administração pública federal, aspecto que traz imediatos reflexos na atuação dos entes e órgãos responsáveis pela promoção de políticas indigenistas[356].

Em relação ainda à jurisprudência do marco temporal, recentemente o STF reconheceu, nos autos do Recurso Extraordinária 1.017.365, Repercussão Geral - nos termos do que prevê o art. 1035 e seguintes do Código de Processo Civil –, da questão envolvendo o alcance do art. 231 da Constituição da República e da tutela constitucional do direito às áreas sob sua ocupação tradicional. Trata-se do Tema 1031, assim ementado:

> **EMENTA:** CONSTITUCIONAL. ADMINISTRATIVO. POSSE INDÍGENA. TERRA OCUPADA TRADICIONALMENTE POR COMUNIDADE INDÍGENA. POSSIBILIDADES HERMENÊUTICAS DO ARTIGO 231 DA

[355] FERNANDES, Florestan. **A Constituição inacabada.** São Paulo: Estação Liberdade, 1989, p. 381.

[356] Em observância do artigo 40, § 1º da lei Complementar n. 75/1993, segundo o qual: "*Art. 40. Os pareceres do Advogado-Geral da União são por este submetidos à aprovação do Presidente da República. § 1º O parecer aprovado e publicado juntamente com o despacho presidencial vincula a Administração Federal, cujos órgãos e entidades ficam obrigados a lhe dar fiel cumprimento. § 2º O parecer aprovado, mas não publicado, obriga apenas as repartições interessadas, a partir do momento em que dele tenham ciência.*"

> CONSTITUIÇÃO DA REPÚBLICA. TUTELA CONSTITUCIONAL DO DIREITO FUNDAMENTAL INDÍGENA ÀS TERRAS DE OCUPAÇÃO TRADICIONAL.
>
> 1. É dotada de repercussão geral a questão constitucional referente à definição do estatuto jurídico-constitucional das relações de posse das áreas de tradicional ocupação indígena à luz das regras dispostas no artigo 231 do texto constitucional.
>
> 2. Repercussão geral da questão constitucional reconhecida.

O nosso tribunal constitucional deverá se manifestar, naquele caso, se deve prevalecer a jurisprudência do "marco temporal" ou se será garantido um mais amplo alcance do texto constitucional. Contudo, diante das incertezas que aquela jurisprudência criada pelo judiciário e encampada pela administração pública federal geram e dos riscos concretos para os direitos territoriais dos povos indígenas, o Ministro Luiz Edson Fachin, relator daquele processo, em decisão monocrática proferida em 07 de maio de 2020, determinou a suspensão dos "efeitos do Parecer n.º 001/2017/GAB/CGU/AGU até o final julgamento de mérito do RE 1.017.365 (Tema 1031) já submetido à sistemática da repercussão geral pelo STF". A referida decisão determinou, ainda, que a FUNAI se abstenha de "rever todo e qualquer procedimento administrativo de demarcação de terra indígena, com base no Parecer n.º 001/2017/GAB/CGU/AGU até que seja julgado o Tema 1031".

Espera-se que o judiciário reassuma sua relevante função de proteção das forças contramajoritárias na sociedade brasileira, na forma como desejada pela Constituição da República.

CONSIDERAÇÕES FINAIS

A presente obra buscou apresentar um breve histórico da trajetória de luta dos povos indígenas diante da ação do poder público, ao longo do processo de formação da sociedade brasileira, desde a chegada dos portugueses até os momentos presentes, sob uma perspectiva multidisciplinar, que permitisse um relacionamento entre aportes históricos, sociológicos e antropológicos ao lado da abordagem sob a perspectiva jurídica.

Um debate sob tal enfoque, cremos, torna mais evidente e demonstra a insubsistência de políticas e decisões judiciais adotadas contra os povos indígenas. Tal é o caso da chamada jurisprudência do "marco temporal", verdadeiro retrocesso encampado pelo STF.

Por outro lado, embora a ação estatal contra os indígenas tenha sido a regra, a história de resistência dos povos originários tem revelado uma heroica persistência que atravessa os séculos. Mesmo na atualidade, em que são, mais uma vez, vítimas de ataques de todos os lados, os povos indígenas vêm resistindo e construindo suas histórias.

Por fim, entendemos que a busca da emancipação dos povos indígenas, sobretudo a partir da efetivação de seu direito à terra, a duras penas, escancara problemas estruturais históricos e põe luz sobre a persistência de desigualdades sociais sofridas pelos grupos mais marginalizados. Nesse sentido, possibilita o enfrentamento de projetos autoritários e excludentes fundados no acúmulo de vários direitos por grupos reduzidos à custa de uma negativa de direitos em favor de diversos setores sociais[357].

357 SCHWARCZ, *op. cit.*, p. 168.

REFERÊNCIAS BIBLIOGRÁFICAS

ALEXY, Robert. **Teoria de los derechos fundamentales**. Madrid: Centro de Estudios Constitucionales, 1993.

AMOROSO, Marta. R. Descontinuidades indigenistas e espaços vividos dos Guarani. **Revista de Antropologia**, v. 58, p. 105-148, 2015.

ARAUJO, Ana Valéria; LEITÃO, Sergio. Socioambientalismo, direito internacional e soberania. *In:* SILVA, Letícia Borges; OLIVEIRA, Paulo Celso da. **Socioambientalismo**: uma realidade. Curitiba: Juruá. 2007.

AZEVEDO, Marta Maria. Diagnóstico da população indígena no Brasil. **Ciência e Cultura**, São Paulo, v. 60, n. 4, p. 19-22, out. 2008.

BARTOLOMÉ, Miguel A.; ROBINSON, Scott S. Indigenismo, dialética e consciência étnica. *In:* JUNQUEIRA, Carmen; CARVALHO, Edgard de A. **Antropologia e indigenismo na América Latina.** São Paulo: Cortez, 1981. p. 107-114.

BERNARDO, Leandro F. A aplicação da jurisprudência do "marco temporal" nos processos demarcatórios e a legitimação do discurso do "vazio demográfico" na região platina brasileira pelo judiciário. Os direitos dos povos indígenas: complexidades, controvérsias e perspectivas constitucionais. Publicações da Escola da AGU: **Direito, Gestão e Democracia**, v. 11, p. 163-178, 2019.

BERNARDO, Leandro F. A aprovação da PEC do trabalho escravo e a flexibilização do direito de propriedade no Brasil. **Revista da AGU**, Brasília: EAGU, v. 14, p. 123-146, 2015.

BERNARDO, Leandro F. A declaração das nações unidas sobre os direitos dos povos indígenas e os direitos humanos, direitos humanos e socioambientalismo. *In:* SOUZA FILHO, Carlos Frederico Marés de; BERGOLD, Raul Cezar (Org.). **Os direitos dos povos indígenas no Brasil: desafios no século XXI**. Curitiba: Letra da Lei, 2013.

BERNARDO, Leandro F. Democracia, direitos humanos e ambientalismo. **Hiléia** (UEA), v. 16. Disponível em: <http://periodicos.uea.edu.br/index.php/Hileia/>. Acesso em: 08 abr. 2015.

BERNARDO, Leandro F. O Brasil e a corte interamericana de direitos humanos: uma análise das condenações sofridas pelo Brasil na corte interamericana de direitos humanos e do seu cumprimento. *In:* BERNARDO, Leandro F.; ALTHAUS, Ingrid G. (Org.). **O Brasil e o sistema interamericano de proteção dos direitos humanos**. São Paulo: Iglu, 2011.

BERNARDO, Leandro F. **O problema do acesso à terra no estado multicultural**. Maringá: Unicorpore, 2012.

BEVILÁQUA, Clóvis. **Direito das coisas.** Brasília: Senado Federal, Conselho Editorial, 2003 (Coleção História do Direito Brasileiro).

BOSI, Alfredo. **Dialética da colonização.** São Paulo: Companhia das Letras, 1992.

BRAND, Antônio. Os Kaiowá/Guarani no Mato Grosso do Sul e o processo de confinamento – a "entrada de nossos contrários". *In:* **Conflitos de direitos sobre as Terras Guarani Kaiowá no Estado do Mato Grosso do Sul.** Conselho Indigenista Missionário Regional Mato Grosso do Sul, Comissão Pró Índio de São Paulo, Procuradoria Regional da República da 3ª Região (Org.). São Paulo: Palas Athena, 2000.

BRASIL. Comissão Nacional da Verdade – CNV. **Violações de direitos humanos dos povos indígenas.** Relatório: textos temáticos / Comissão Nacional da Verdade. Brasília: CNV, 2014.

BRASIL. Congresso Nacional. Câmara dos Deputados. Comissão Parlamentar de Inquérito. **Relatório Final da Comissão Parlamentar de Inquérito FUNAI-INCRA 2.** Disponível em: <http://www.camara.leg.br/internet/comissoes/comissoes-especiais/CPI/>. Acesso em: 23 maio 2017.

BRIGHENTI, Clóvis Antônio. **O "desenvolvimento" *versus* os povos indígenas.** CONSELHO INDIGENISTA MISSIONÁRIO: RELATÓRIO – Violência contra os povos indígenas no Brasil – Dados de 2014, p. 21. Disponível em <http://cimi.org.br/pub/Arquivos/Relat.pdf>. Acesso em: 20 jan. 2016.

BUZATTO, Cleber César. **Paralisação das demarcações, discursos racistas e decisões judiciais fundamentalistas**: um rastro de violências contra os povos indígenas. CONSELHO INDIGENISTA MISSIONÁRIO: RELATÓRIO - Violência contra os povos indígenas no Brasil - Dados de 2014, p. 12. Disponível em: <http://cimi.org.br/pub/Arquivos/Relat.pdf>. Acesso em: 20 jan. 2016.

CARVALHO, Edgard de Assis. Pauperização e indianidade. *In:* JUNQUEIRA, Carmen; CARVALHO, Edgard de A. **Antropologia e indigenismo na América Latina**. São Paulo: Cortez, 1981.

CARVALHO, José Murilo de. **Pecado original da república**: debates, personagens e eventos para compreender o Brasil. Rio de Janeiro: Bazar do Tempo, 2017.

COLE, David. **Engines of liberty**: the power of citizen activists to make constitutional law. New York: Basic Books, 2016.

CONSELHO INDIGENISTA MISSIONÁRIO - CIMI . **Relatório - Violência contra os povos indígenas no Brasil** - Dados de 2018. Disponível em: <http://cimi.org.br/pub/Arquivos/Relat.pdf>. Acesso em: 20 jan. 2016.

CONSELHO INDIGENISTA MISSIONÁRIO - CIMI. **RELATÓRIO - Violência contra os povos indígenas no Brasil - Dados de 2018.** Disponível em: <https://cimi.org.br/wp-content/uploads/2019/09/relatorio-violencia-contra-os-povos-indigenas-brasil-2018.pdf>. Acesso em: 18 maio 2020.

CLASTRES, Pierre. **Arqueologia da violência**: pesquisas de antropologia política. Trad. Paulo Neves. São Paulo: Cosac & Naify, 2004.

COELHO, Mauro Cezar. O diretório dos índios e as chefias indígenas: uma inflexão. **CAMPOS - Revista de Antropologia Social**, v. 7, n. 1, 2006, p. 118. Disponível em: <http://revistas.ufpr.br/campos/article/viewFile/5444/3999>. Acesso em: 09 abr. 2017.

COMPANHIA MELHORAMENTOS NORTE DO PARANÁ - CMNP. **Colonização e Desenvolvimento do Norte do Paraná.** 3. ed., p. 116). Disponível em: <http://www.cmnp.com.br/melhoramentos/50anos-cmnp/files/CMNP.pdf>. Acesso em: 28 fev. 2017.

COMISSÃO INTERAMERICANA DE DIREITOS HUMANOS. Caso **"Povo indígena Xucuru e seus membros *versus* Brasil".** Disponível em: <http://www.oas.org/es/cidh/decisiones/corte/2016/12728FondoPt.pdf>. Acesso em: 02 fev. 2017.

CORTE INTERAMERICANA DE DIREITOS HUMANOS. Caso **"Povo indígena Xucuru e seus membros vs. Brasil"**. Disponível em <http://www.corteidh.or.cr/casos.cfm>. Acesso em: 17 maio 2020.

CORTE INTERAMERICANA DE DIREITOS HUMANOS. **Caso *Pueblos Kaliña y Lokono vs. Surinamem*.** Disponível em: <http://www.corteidh.or.cr/docs/casos>. Acesso em: 16 maio 2016.

CUNHA, Euclides da. **À margem da história.** 3. ed. Porto: Livraria Chandron, de Lelo & Irmão, 1922. Disponível em: <http://www.dominiopublico.gov.br/download/texto/ub000011.pdf>.

CUNHA, Manuela Carneiro da. **História dos índios no Brasil.** São Paulo: Companhia das Letras; Secretaria Municipal de Cultura; FAPESP, 1992.

CUNHA, Manuela Carneiro da. **Índios no Brasil**: história, direitos e cidadania. São Paulo: Claro Enigma, 2012.

CUNHA, Manuela Carneiro da. **Negros, estrangeiros**: os escravos libertos e sua volta à África. 2. ed. rev. e ampl. São Paulo: Companhia das Letras, 2012.

CUNHA, Manuela Carneiro da. Política indigenista no século XIX. *In:* CUNHA, Manuela Carneiro da (Org.). **História dos índios no Brasil.** São Paulo: Companhia das Letras; Secretaria Municipal de Cultura; FAPESP, 1992.

CUPSINSKI, Adelar; FARIAS, Alessandra; MODESTO, Rafael. **Violência institucional e privada: o que há de arcaico no novo?** CONSELHO INDIGENISTA MISSIONÁRIO. RELATÓRIO – Violência contra os povos indígenas no Brasil – Dados de 2014, p. 29. Disponível em <http://cimi.org.br/pub/Arquivos/Relat.pdf>. Acesso em: 20 jan. 2016.

DALLARI. Argumento antropológico e linguagem jurídica. *In*: SILVA, Orlando Sampaio *et al.* (Org.). **A perícia antropológica em processos judiciais**. Florianópolis: Ed. da UFSC, 1994.

DALLARI. **Direitos humanos e cidadania.** 2. ed. reform. São Paulo: Moderna, 2004.

DALLARI. O índio, sua capacidade jurídica e suas terras. **Cadernos da Comissão Pró-Indio**, n. I: A questão da emancipação. Global Editora. São Paulo, 1979.

DALLARI. Reconhecimento e proteção dos direitos dos índios. **Revista de Informação Legislativa**, Brasília, v. 111, ano 28. jul./set. 1991, p. 317. Disponível em: <http://www2.senado.leg.br/bdsf/item/id/175909>. Acesso em: 12 dez. 2015.

DALLARI. Terras indígenas: a luta judicial pelo direito. *In:* **Conflitos de direitos sobre as Terras Guarani Kaiowá no Estado do Mato Grosso do Sul.** Conselho Indigenista Missionário Regional Mato Grosso do Sul, Comissão Pró Índio de São Paulo, Procuradoria Regional da República da 3ª Região (Org.). São Paulo: Palas Athena, 2000.

DAMATTA, Roberto. **Relativizando**: uma introdução à antropologia social. Rio de Janeiro: Rocco, 2010.

DANTAS, Fernando Antônio de Carvalho. As sociedades indígenas no Brasil e seus sistemas simbólicos de representação: os direitos de ser. *In:* SILVA, Letícia Borges; OLIVEIRA, Paulo Celso da. **Socioambientalismo**: uma realidade. São Paulo: Juruá. 2007.

DAVIS, Shelton H. **Antropologia do direito**: estudo comparativo e categorias de dívida e contrato. Rio de Janeiro: Zahar Editores, 1973.

DAVIS, Shelton H.; MENGET, Patrick. Povos primitivos e ideologias civilizadas no Brasil. *In:* JUNQUEIRA, Carmen; CARVALHO, Edgard de A (Org.). **Antropologia e indigenismo na América Latina.** São Paulo: Cortez, 1981. p. 19-35.

DAVIS, Shelton H. **Vítimas do milagre**: o desenvolvimento e os índios do Brasil. Tradução de Jorge Alexandre Faure Pontual. Rio de Janeiro: Zahar Editores, 1978.

DERANI, Cristiane. **Direito ambiental econômico.** São Paulo: Saraiva, 2008.

EBERHARD, Christoph. Para uma teoria jurídica intercultural: o desafio dialógico. **Revista Direito e Democracia**, Universidade Luterana do Brasil - Ciências Jurídicas, Canoas: Ed. ULBRA, v. 3, n. 2, 2002.

FACHIN, Luiz Edson. **Teoria crítica do direito civil.** 3. ed. Rio de Janeiro: Renovar, 2012.

FARAGE, Nádia. **As muralhas dos sertões:** os povos indígenas no Rio Branco e a colonização. Rio de Janeiro: Paz e Terra, ANPOCS, 1991.

FAORO. **Os donos do poder**: formação do patronato político brasileiro. 4. ed. São Paulo: Globo, 2008.

FARIA, José Eduardo. **Justiça e conflito**: os juízes em face dos novos movimentos sociais. 2. ed., rev. e ampl. São Paulo: Revista dos Tribunais, 1992.

FERNANDES, Florestan. **A Constituição inacabada.** São Paulo: Estação Liberdade, 1989.

FERNANDES, Florestan. **O negro no mundo dos brancos**. 2. ed. rev. São Paulo: Global, 2007.

FERRAJOLI, Luigi. El constitucionalismo entre principios y reglas. **DOXA, Cuadernos de Filosofía del Derecho**, 35 (2012), p. 791-813. Disponível em: <http://www.cervantesvirtual.com/portales/doxa>. Acesso em: 05 mar. 2017.

FERRAZ JUNIOR, Tércio Sampaio. A demarcação de terras indígenas e seu fundamento constitucional. **Revista Brasileira de Direito Constitucional**, n. 3, jan./jun. 2004.

FREYRE, Gilberto. **Ordem e progresso.** Processo de desintegração das sociedades patriarcal e semipatriarcal no Brasil sob o regime de trabalho livre; aspectos de um quase meio século de transição do trabalho escravo para o trabalho livre; e da monarquia para a república. 6. ed. rev. São Paulo: Global, 2004.

FRASER, Nancy. A justiça social na globalização: redistribuição, reconhecimento e participação. **Revista Crítica de Ciências Sociais**, n. 63, 2002, p. 7-20. Tradução: Teresa Tavares. Disponível em: <https://rccs.revues.org>. Acesso em: 06 mar. 2017.

FREYRE, Gilberto, **Sobrados e Mucambos:** decadência do patriarcado rural e desenvolvimento do urbano. 15. ed. São Paulo: Global, 2004.

FURTADO, Celso. **Formação econômica do Brasil.** 34. ed. São Paulo: Companhia das Letras, 2007.

GARFIELD, Seth. As raízes de uma planta que hoje é o Brasil: os índios e o Estado-nação na era Vargas. **Revista Brasileira de História**, São Paulo, v. 20, n. 39, p. 15-42. Disponível em: <http://www.scielo.br/>. Acesso em: 18 dez. 2016.

GOMES, Laurentino. **1889:** como um imperador cansado, um marechal vaidoso e um professor injustiçado contribuíram para o fim da monarquia e a proclamação da República no Brasil. São Paulo: Globo, 2013.

GOMES, Orlando. **Raízes históricas e sociológicas do Código Civil brasileiro**. 2. ed. São Paulo: Martins Fontes, 2006.

GOMES, Valdir. Colonização do Norte do Paraná: um olhar na perspectiva da administração e do meio ambiente. **Revista Sociedade e Território**. v. 27, n. 1. Disponível em: <https://periodicos.ufrn.br/sociedadeeterritorio>. Acesso em: 28 fev. 2017.

GREGORY, Valdir. SCHALLENBERGER, Erneldo. **Guaíra**: um mundo de águas e histórias. Marechal Cândido Rondon: Editora Germânica, 2008.

GRÜNBERG, Georg. **Devastação e novos horizontes na paisagem Guarani.** *In:* ISA. Povos indígenas no Brasil 2006/2010 – Instituto Socioambiental, p. 685. Disponível em: <http://pib.socioambiental.org/pt/c/downloads#1>. Acesso em: 20 abr. 2016.

GUIDON, Niéde. As ocupações pré-históricas do Brasil (excetuando a Amazônia). *In:* CUNHA, Manuela Carneiro da (Org.). **História dos índios no Brasil.** São Paulo: Companhia das Letras; Secretaria Municipal de Cultura; FAPESP, 1992.

GUIMARAES, Alberto Passos. **A crise agrária.** 3. ed. Rio de Janeiro: Paz e Terra, 1982.

GUIMARAES, Alberto Passos. **Quatro séculos de latifúndio.** 5. ed. Rio de Janeiro: Paz e Terra, 1981.

HANKE, Lewis. Aristóteles e os índios americanos: um estudo de preconceito de raça no Mundo Moderno. **Revista de História**, São Paulo, v. 18, n. 37, p. 15-44, mar. 1959. Disponível em: <http://www.revistas.usp.br/revhistoria/article/view/107266/105779>. Acesso em: 06 jun. 2017.

HARVEY, David. **O novo imperialismo**. Tradução de Adail Sobral e Maria Stela Gonçalves. 4. ed. São Paulo: Loyola, 2010.

HELM. Cecília Maria Vieira. A justiça é lenta, a Funai devagar e a paciência dos índios está se esgotando: perícia antropológica na área indígena Mangueirinha, PR. *In:* **Textos e Debates.** Florianópolis: NUER-UFSC, ano 2, n. 4, p. 22-38.

HELM. Cecília Maria Vieira. A UHE Mauá no rio Tibagi (Paraná): impactos socioambientais e o desafio da participação indígena. *In:* VERDUM, Ricardo *et al.* (Org.). **Integração, usinas hidroelétricas e impactos socioambientais.** Brasília: INESC, 2007.

HELM. Cecília Maria Vieira. Os Xetá: a trajetória de um grupo tupi-guarani em extinção no Paraná. **Anuário Antropológico**, Rio de Janeiro: Tempo Brasileiro, n. 92, p. 105-12, 1994.

IBGE. **O Brasil indígena**. Disponível em: <http://indigenas.ibge.gov.br/graficos-e-tabelas-2.html>. Acesso em: 20 abr. 2016.

ILO – INTERNATIONAL LABOUR ORGANIZATION. **International labour standards. Convention No. C169.** Disponível em: <http://www.ilo.org/ilolex/english/convdisp1.htm>. Acesso em: 16 maio 2016.

IPCC. ***Climate Change 2014***. Disponível em: <http://www.ipcc.ch/report/ar5/syr/>. Acesso em: 18 maio 2016.

ISA – Instituto Socioambiental. **Com pior desempenho em demarcações desde 1985, Temer tem quatro Terras Indígenas para homologar.** Disponível em: <https://www.socioambiental.org/pt-br/noticias-socioambientais/com-pior-desempenho-em-demarcacoes-desde-1985-temer-tem-quatro-terras-indigenas-para-homologar>. Acesso em: 18 maio 2020.

ISA – Instituto Socioambiental. **Demarcações nos últimos seis governos**. Disponível em: <https://pib.socioambiental.org/pt/c/0/1/2/demarcacoes-nos-ultimos-governos>. Acesso em: 18 maio 2016.

ISA – Instituto Socioambiental. **Galeria dos presidentes da FUNAI**. Disponível em: <https://pib.socioambiental.org/pt/c/politicas-indigenistas/orgao-indigenista-oficial/galeria-dos-presidentes-da-funai>. Acesso em: 12 maio 2016.

LAFER, Betty Mindlin. A nova utopia indígena: os projetos econômicos. *In:* JUNQUEIRA, Carmen; CARVALHO, Edgard de A. **Antropologia e indigenismo na América Latina**. São Paulo: Cortez, 1981.

LAS CASAS, Frei Bartolomé de. Princípios para defender a justiça dos índios. *In:* SOUZA FILHO, C. F. (Org.). **Textos clássicos sobre o direito e os povos indígenas.** Curitiba: Juruá/NDI, 1992.

LEFF, Enrique. **Saber ambiental.** Tradução de Lúcia Mathilde Endlich Orth. 7. ed. Petrópolis, RJ: Vozes, 2009.

LÉVI-STRAUSS, Claude. **Tristes trópicos.** Tradução de Wilson Martins. São Paulo: Editora Anhembi, 1957.

LIMA, Antônio Carlos de Souza. O governo dos índios sob a gestão do SPI. *In:* CUNHA, Manuela Carneiro da (Org.). **História dos índios no Brasil**. São Paulo: Companhia das Letras; Secretaria Municipal de Cultura; FAPESP, 1992.

MACHADO, Paulo. **Lideranças do contestado**: a formação e a atuação das chefias caboclas (1912-1916). Campinas: Editora da Unicamp, 2004.

MARTIUS, Karl F. von. Como se deve escrever a história do Brasil. **Revista Trimensal de História e Geografia ou Jornal do Instituto Histórico e Geográfico Brasileiro**, n. 24, janeiro de 1845, t. 6, p. 381-403. Disponível em: <http://www.jstor.org/stable/20137096>. Acesso em: 10 abr. 2017.

MENDES JR., João. **Os indígenas do Brazil, seus direitos individuais e políticos.** São Paulo: Typ. Hennies Irmãos, 1912.

MOTA, Lúcio Tadeu. A guerra de conquista nos territórios dos Índios Kaingang do Tibagi. **Revista de História Regional** (Departamento de História - Universidade Estadual de Ponta Grossa). Ponta Grossa, 1997, v. 2, n. 1, p. 187-207. Disponível em: <http://www.revistas2.uepg.br/index.php/rhr/article/view/2030/1513>. Acesso em: 28 mar. 2017.

MOTA, Lúcio Tadeu. **As guerras dos índios Kaingang:** a história épica dos índios Kaingang no Paraná (1769-1924). 2. ed. rev. e ampl. Maringá: Eduem, 2008.

MOTA, Lúcio Tadeu; NOVAK, Éder da Silva. **Os Kaingang do Vale do rio Ivaí:** história e relações interculturais. Maringá: Eduem, 2008.

NEVES, Marcelo. Constitucionalização simbólica e desconstitucionalização fática: mudança simbólica da Constituição e permanência das estruturas reais de poder. **Revista de Informação Legislativa**, v. 33, n. 132, p. 321-330, out./dez. 1996. Disponível em: <http://www2.senado.leg.br/bdsf/bitstream/handle/id/496861/RIL129.pdf?sequence=1>. Acesso em: 28 dez. 2015.

OEA - ORGANIZAÇÃO DOS ESTADOS AMERICANOS. **Apoyando la elaboracion del proyecto de declaración Americana sobre los derechos de los pueblos indígenas.** Disponível em: <http://www.oas.org/es/sla/ddi/pueblos_indigenas_apoyo_elaboracion_proyecto_declaracion.asp>. Acesso em: 27 maio 2016.

OLIVEIRA, João Pacheco de; FREIRE, Carlos Augusto da Rocha. **A presença indígena na formação do Brasil**. Brasília: Ministério da Educação, Secretaria de Educação Continuada, Alfabetização e Diversidade; LACED/Museu Nacional, 2006.

OLIVEIRA, João Pacheco de; COHN, Clarice (Orgs.). **Belo Monte e a questão indígena.** Brasília-DF: ABA, 2014.

OXFAM Brasil. **Menos de 1% das propriedades agrícolas é dona de quase metade da área rural brasileira**. Disponível em: <https://www.oxfam.org.br/publicacao>. Acesso em: 10 jun. 2020.

PAULETTI, Maucir; FEENEY, Micheal; SCHNEIDER, Nereu; MANGOLIM, Olívio. Povo Guarani e Kaiová: uma história de luta pela terra no Estado de Mato Grosso do Sul. *In:* **Conflitos de Direitos sobre as Terras Guarani Kaiowá no Estado do Mato Grosso do Sul**. Conselho Indigenista Missionário Regional Mato Grosso do Sul, Comissão Pró Índio de São Paulo, Procuradoria Regional da República da 3ª Região (Org.). São Paulo: Palas Athena, 2000.

PEREIRA, Levi Marques. **Demarcação das terras, reordenamentos organizacionais e gestão territorial.** *In:* **ISA.** Povos indígenas no Brasil 2006/2010 – Instituto Socioambiental, p. 688-691. Disponível em: <http://pib.socioambiental.org/pt/c/downloads#1>. Acesso em: 20 abr. 2016.

PERRONE-MOISÉS, Beatriz. Índios livres e índios escravos: o princípio da legislação indigenista do período colonial (séculos XVI a XVIII). *In:* CUNHA, Manuela Carneiro da (Org.). **História dos índios no Brasil**. São Paulo: Companhia das Letras; Secretaria Municipal de Cultura; FAPESP, 1992.

PLANT, Roger. O estado de direito e os não-privilegiados na América Latina: uma perspectiva rural. *In:* MÉNDEZ, Juan E.; O'DONNELL, Guillermo; PINHEIRO, Paulo Sérgio (Org.). **Democracia, violência e injustiça**: o não estado de direito na América Latina. São Paulo: Paz e Terra, 2000.

PONTES DE MIRANDA, Francisco C. **Comentários à Constituição de 1967 com a emenda n. 1, de 1969.** São Paulo: Revista dos Tribunais, 1970. t. IV: arts. 118-153, § 1º.

PONTES DE MIRANDA, Francisco C. **Comentários à Constituição de 1967 com a emenda n. 1, de 1969.** 2. ed. rev. 2. tiragem. São Paulo: Editora Revista dos Tribunais, 1974. t. VI: arts. 160-200.

PRIORI, Ângelo *et al.* **História do Paraná**: séculos XIX e XX. Maringá: Eduem, 2012, p. 75-89. Disponível em: <http://books.scielo.org>. Acesso em: 11 abr. 2017.

RIBEIRO, Darcy. **A América Latina existe?** Rio de Janeiro: Fundação Darcy Ribeiro; Brasília, DF: Editora UnB, 2010.

RIBEIRO, Darcy. **O povo brasileiro.** São Paulo: Companhia das Letras, 2006.

RIBEIRO, Darcy. **Os índios e a civilização**: a integração das populações indígenas no Brasil moderno. São Paulo: Companhia das Letras, 1996.

SALZANO, Francisco M. O velho e o novo: antropologia física e história indígena. *In:* CUNHA, Manuela Carneiro da (Org.). **História dos índios no Brasil.** São Paulo: Companhia das Letras; Secretaria Municipal de Cultura; FAPESP, 1992.

SANTILLI, Marcio; VALLE, Raul do. **Muita terra para pouco fazendeiro**. Disponível em: <https://www.socioambiental.org/pt-br/blog/blog-do-isa/muita-terra-para-pouco-fazendeiro>. Acessado em: 10 jun. 2020.

SANTILLI, Paulo. O futuro nos laudos antropológicos. *In:* OLIVEIRA, João Pacheco de *et al.* (Org.). **Laudos antropológicos em perspectiva**. Brasília: ABA, 2015.

SANTOS, Boaventura de Sousa. **A gramática do tempo**: para uma nova cultura política. 3. ed. São Paulo. Cortez, 2010.

SANTOS, Sílvio Coelho dos. Hidrelétricas e suas consequências socioambientais. *In:* VERDUM, Ricardo *et al.* (Org.). **Integração, usinas hidroelétricas e impactos socioambientais**. Brasília: INESC, 2007.

SCHWARCZ, Lilia Moritz. **Sobre o autoritarismo brasileiro.** São Paulo: Companhia das Letras, 2019.

SILVA, José Afonso da. **Curso de direito constitucional positivo.** 32. ed. rev. e atual. São Paulo: Malheiros, 2009.

SILVA, Ligia Osorio. **Terras devolutas e latifúndio**: efeitos da Lei de 1850. 2. ed. Campinas. Editora da Unicamp, 2008.

SILVA, Virgílio Afonso da. Direitos fundamentais e liberdade legislativa: o papel dos princípios formais. *In:* CORREIA *et al.* (Org.). **Estudos em homenagem ao Prof. Doutor José Joaquim Gomes Canotilho**. Coimbra: Coimbra Editora, 2012. v. III. p. 915-937.

SILVA, Virgílio Afonso da. Ponderação e objetividade na interpretação constitucional. *In:* MACEDO JR., Ronaldo Porto; BARBIERI, Catarina Helena Cortada (Orgs.). **Direito e interpretação**: racionalidades e instituições. São Paulo: Direito GV/Saraiva, 2011. p. 363-380.

SOUZA FILHO, Carlos Frederico Marés de. **O renascer dos povos indígenas para o direito.** Curitiba: Juruá, 2008.

SOUZA FILHO, Carlos Frederico Marés de. Os direitos invisíveis. *In:* PAOLI, Maria Célia; OLIVEIRA, Francisco de (Org.). **Os sentidos da democracia:** políticas do dissenso e hegemonia global. Petrópolis: Vozes, 1999.

TOLEDO, Cézar de Alencar Arnaut de; RUCKSTADTER, Flávio Massami Martins; e RUCKSTADTER, Vanessa Campos Mariano. **Padroado.** *In:* LOMBARDI, José Claudinei; SAVIANI, Dermeval; NASCIMENTO, Maria Isabel Moura (Org.). **Navegando na história da educação brasileira – HISTEDBR.** Disponível em: <http://www.histedbr.fe.unicamp.br/navegando/glossario>. Acesso em: 08 abr. 2017.

URBAN, Greg. A história da cultura brasileira segundo as línguas nativas. Tradução de Beatriz Perrone-Moisés. *In:* CUNHA, Manuela Carneiro da (Org.). **História dos índios no Brasil**. São Paulo: Companhia das Letras; Secretaria Municipal de Cultura; FAPESP, 1992.

VILLARES, Luiz Fernando. **Estado pluralista**: o reconhecimento da organização social e jurídica dos povos indígenas no Brasil. 2013.

VILLAS BÔAS FILHO, Orlando. A juridicização e o campo indigenista no Brasil: uma abordagem interdisciplinar. **Revista da Faculdade de Direito**, Universidade de São Paulo, São Paulo, v. 111, p. 339-379, june 2017. ISSN 2318-8235. Disponível em: <http://www.revistas.usp.br/rfdusp/article/view/133516/129528>. Acesso em: 19 jun. 2017.

VIVEIROS DE CASTRO. Histórico. *In*: **Cadernos da Comissão Pró-Indio**, n. I: A questão da emancipação. Global Editora. São Paulo, 1979.

WEBER, Max. **Economia e sociedade**: fundamentos da sociologia compreensiva. Tradução de Regis Barbosa e Karen Elsabe Barbosa. 4. ed. Brasília. Editora Universidade de Brasília, 2012. v. I.

WEBER, Max. **Economia e sociedade**: fundamentos da sociologia compreensiva. Tradução de Regis Barbosa e Karen Elsabe Barbosa. 4. ed. Brasília. Editora Universidade de Brasília, 2012. v. II.

WWF – World Wildlife Fund. **MP 910 é crime**: aprovar a MP da Grilagem é anistiar a ilegalidade. Disponível em: <https://www.wwf.org.br/>. Acesso em: 18 maio 2020.